これで身につく
山歩き
100の基本
JN237955
るるぶDo!

これで身につく
山歩き100の基本
CONTENTS

両神山

山歩きの基本 100

太神山·湖南アルプス

両神山に咲くヤマツツジ

実践シミュレーションコース

三頭山

【コラム】

山歩きの基本100

山のファッションを楽しむ　春～夏

春から夏の基本ウェアとしては、速乾性素材のアンダーウェアまたはTシャツの上にYシャツを重ねるという組み合わせ。夏の天気のよい日であれば、ほとんどTシャツ1枚でよいくらいだが、長袖のシャツは必ず備える。気温や運動量に応じて、一番よい状態に調節できるようになれば、上級者へ一歩近づいたといえそうだ。

↗
ナイロン75%、ポリエステル25%の吸湿速乾性、しかもUV加工で体に有害な紫外線を90%までカットするシャツ。背の部分がメッシュ、袖口は一部手の甲がかぶるなど細かな配慮がされたデザインだ

↑
下着は汗をかいてもすぐ乾く素材を選ぶ。吸湿速乾性だけでなく、防菌防臭効果のあるものなど種類は豊富だ。春から夏はクールタッチ、アイスタッチなど冷涼感を売り物にした商品も多い。半袖タイプが主流だが女性用はランニングタイプも人気がある

→
パンツも吸水速乾性の素材がいい。膝の曲げ伸ばしがスムーズな横方向ストレッチは、すっきり見えるのもうれしい。これはポケット部分がメッシュになっていてとても軽い

←
夏でも長袖を備えるのは基本。藪の中を歩いて肌を傷つけたり、虫にさされるのを防ぐためにもぜひ。素材はポリエステルやナイロンなど速乾性にすぐれた化学繊維のものを。胸ポケット付きが便利だ

←
静電気防止縫製糸を使用し、速乾性・吸汗性・保温性にすぐれたポロシャツ。よりスムーズな腕の動きに対応するためにカッティングにもこだわる製品が出てきている

↙
吸湿速乾素材を使用したTシャツは、常にサラッとしたドライ感が快適な着心地をもたらせてくれる

↗
マイクロフリースと呼ばれる薄手のフリースは中間着として1年中役立つ。タウンでも着られる色やデザインを選べば、小物も工夫して山のおしゃれを楽しめる

↑
フリースの欠点は風に弱いこと。そこで防風性にすぐれたパーカーは必ずザックに入れておきたい。軽量でポケットに入るのに、出番の多いたのもしいウェアだ

→
フリースにも、プルオーバータイプのものとジャケットタイプのものがある。頭からかぶるタイプのプルオーバーは、髪型のくずれが気になる女性には不向きな面もある

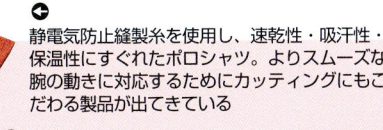

山のファッションを楽しむ 秋～冬

秋でも晩秋の頃には、厚手のYシャツを用意し、フリースも厚手・薄手の2種類を使い分けたい。また冬でも中低山の日帰り山歩きであれば、春～夏の基本ウェアにセーターや厚手のフリースを加える程度で十分な場合も多い。また、天候が悪化すれば降雪の可能性のある山では、防寒と同時に防湿対策も大切。

厚手のシャツにベストの組み合わせは、フリースを着るほどの寒さでない時にも使えるコーディネートだ

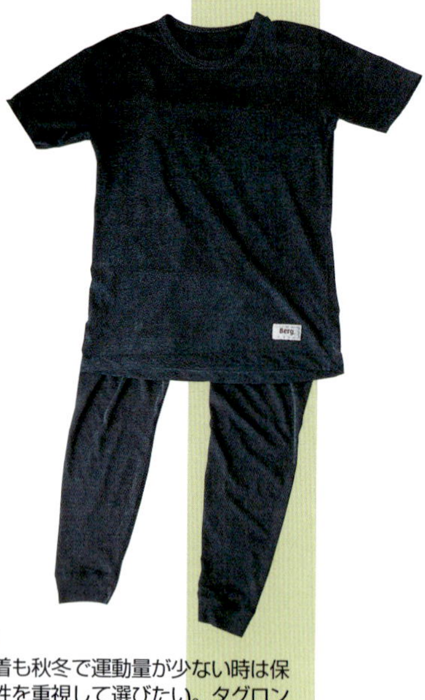

下着も秋冬で運動量が少ない時は保温性を重視して選びたい。タグロンなどの速乾性の素材の他、ウールを混紡した高機能アンダーウェアもある。秋～冬の基本ウェア。この上に厚手・薄手のフリースを加え調節する

裏に薄いフリースや起毛素材になっているもの、光エネルギーを吸収して発熱する素材など、秋冬用のパンツは選ぶのに迷うほど高機能のものが出回っている。低山ならパンツ用の下着なしで充分。ベージュ系のチノパンタイプならトップを選ばないし用途も広い

➚
ジャケットタイプの中厚手のフリースはアウターとしても最適。フリースも高機能、ファッション性にすぐれた新製品が毎年出回り、値段もピンからキリまで。ブランドや見た目だけで選ばず、少し高くても行動しやすく、着ていることを忘れるくらい軽く感じるものを求めることがポイント。専門店のスタッフに相談するのが一番だ

⬆➚
秋冬の山中で、かなり冷え込んできた時にはフリースの上にレインウェアの上着を重ね着してみる。防風性の高いレインウェアを1枚着るだけで温かさが違う

➡
気温の変化に対応するための必須アイテムのフリースを、昼食や休憩の時にはおり、体を冷やさないようにしたい

山のファッションを楽しむ

ファッション小物

春〜夏

ウェアだけでなく、帽子や手袋などの小物も機能性にすぐれたものがたくさん出回っている。ウェアとともに小物も季節を感じられるような素材など、変化をつけられると楽しい。

帽子

夏はいうまでもないが、春の日射しは想像以上に強いので帽子は必需品。ベースボールキャップは、耳が日焼けをしてしまうので注意が必要。水につけて気化熱で冷えるパット付きのものやチタン加工のものなどもある。頭部保護のためにもぜひ

紫外線を99%カットしてくれるチタニウム製のひよけ帽子ネット。チタニウムは金属アレルギーの心配もなく、熱遮断効果もあるすぐれもの

秋〜冬

冬用の帽子は保温を考えてウールやフリース素材のものが多い。これは耳あてもついていて寒さ対策は万全

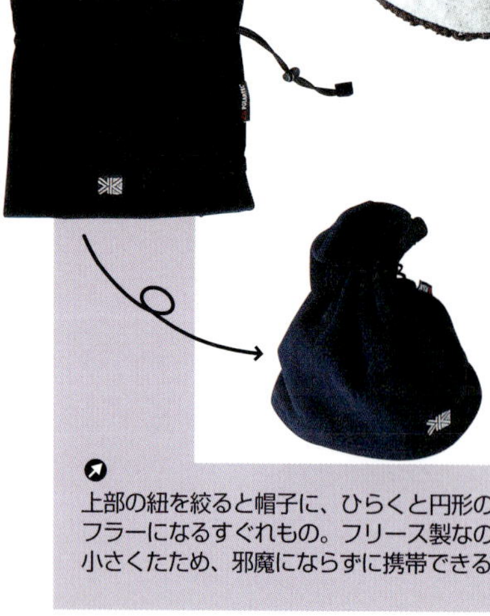

上部の紐を絞ると帽子に、ひらくと円形のマフラーになるすぐれもの。フリース製なので小さくたため、邪魔にならずに携帯できる

手袋

山道では小枝や植物にふれることも多く、薄手の手袋があると重宝する。夏はUV加工の物をはめると日焼けも防げるので一石二鳥

秋冬は歩いていると体はあたたかくなるが、手先などの末端はなかなか温まらないもの。薄手の手袋のほかに少し厚手のものも備えたい

ベスト

ザックに密着する背中の部分がメッシュ素材になっているものもある

山の定番ベストはポケットが決めて。あまり多いとどこに何を入れたか忘れてしまう。これはカメラマン用だが、デザインもシックで、ポケット2つで、小型のバック1個分のものが入る

バンダナ

山歩きで用途の広いバンダナは、色も形も種類が豊富だ

山歩きで不快に感じる発汗の大部分は、頭皮からのもの。バンダナを帯状にして巻けば、汗が目に入ることもなく、頻繁にタオルで顔を拭う煩わしさもなくなる

バンダナの代わりに、濡れてもすぐに乾く日本手ぬぐいを利用するものいい。最近ではしゃれた柄のものなどが店頭に並び、ウェアとのコーディネートもしやすい

山のファッションを楽しむ
レインウェア

日帰りの山歩きでも、天候の急変で雨に見舞われることもあり、山の装備の中でもレインウェアは必需品。特に山岳地帯では、平野部より天候の移ろいも急で、思いのほか雨の降り出しが早いことがある。出発時の天気や予報で降水確率が低くても、レインウェアと折り畳み傘は必ず持っていくようにする。

登山用のレインウェアには素材や形の違いで数種類ある。素材はゴアテックスなどの発湿性素材がよいだろう。ただ、頭からすっぽり被るポンチョ型のものは、風がある場合には下から吹き上げられてびしょ濡れになるので不可。また、ゴルフや釣り用のものも動作や運動量が違う山歩きには不向きだ。上着とズボンが分かれているセパレーツタイプのものを選ぶ

本降りの雨の日に長時間歩く時には、スパッツをつけた方よい。足元でズボンの裾が邪魔になることもなく歩きやすい上に、泥や水で下に履いているズボンが汚れることもない

レインウェアといえば上下揃いが求めやすいが、あえて違う色を組み合わせてみるのもいい

レインウェアのパンツは、靴をはいたままでも脱ぎ着ができるように裾の部分の側面がファスナーがついている

蒸れない透湿撥水性のパーカー。小雨ならこれで充分。袖の部分がファスナー式で取り外せるようになっている

ザックを下ろすことなく背負ったままで着られるゴアテックスのレインウェア。本降りの雨の中を長時間歩く以外ならば、ザックカバーをする手間もなく、サッとはおれる感じが便利

オールシーズン着られるゴアテックス素材のもの。薄手でコンパクトになる上、デザインなどファッション性にもすぐれている

山のファッションを楽しむ
トレッキングシューズ

歩くことが基本となる山歩きで、最も重要な装備が靴だ。山歩きのレベルや使用目的に合わせて、靴選びをしたい。素材も重量もさまざまなタイプが揃い、使いこんでいくうちに足になじんでいく天然皮革製のものや、軽さを重視したナイロン素材のものなどがある。地面をしっかりととらえられるような靴底が凹凸のしっかりしたものを選ぶ。

くるぶしまでをしっかりと包み込む構造の靴は、長時間歩いても疲れにくい。皮革とナイロンを使ったゴアテックスのものが手入れもしやすい

靴を購入する時に同時に購入すべきなのが靴下。厚手のしっかりしたものを選ぶ

山歩きの際には靴そのもののほかに中敷も重要なアイテムとなる。自分の歩き方による癖を中敷により改善しながら歩くことにより、より疲れにくくなる

6本爪の軽アイゼンをつけた状態。しなりにくい靴底にしっかりとはまる

靴の手入れに欠かせない防水スプレーも、シューズ購入の際には一緒に求めるようにする

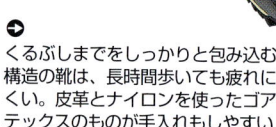

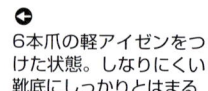

山のファッションを楽しむ

ザック

←↙
将来、山小屋泊まりの1泊2日の山歩きも考えている場合には30～40ℓくらいの中型ザックを買っておこう

ザックは大きさや形など多種多様なものが販売されているが、中低山の日帰り山歩きであれば、容量が20～25ℓ程度の小型ザックを選ぶとよい。形は大きく分けてタイプは2種類。ザック上部から荷物を出し入れする一体形と、側面などにポケットやファスナーが付いたタイプ。あまりポケットや付属的な機能に捉われずに、背負いやすさや全体のバランス堅牢さを重視して選びたい。

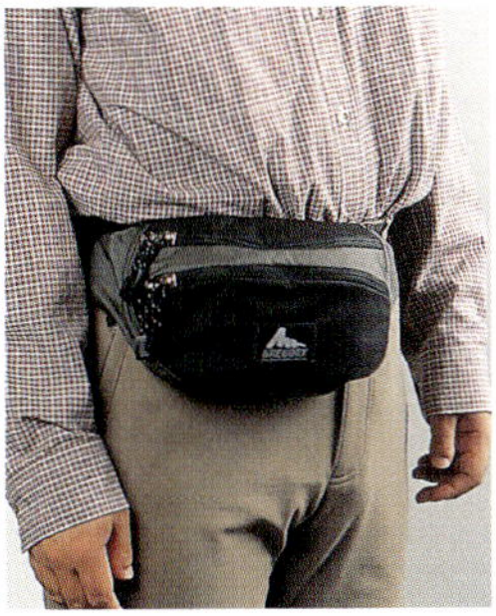

貴重品などを入れておくサブバックの種類も多様。↑ウエスト部分に直接つけるタイのものは、女性にとってはトイレの時など不便。↗ザックのウエストバックルに取り付けるタイプのものは、取り外しも簡単で持ち運びにも便利

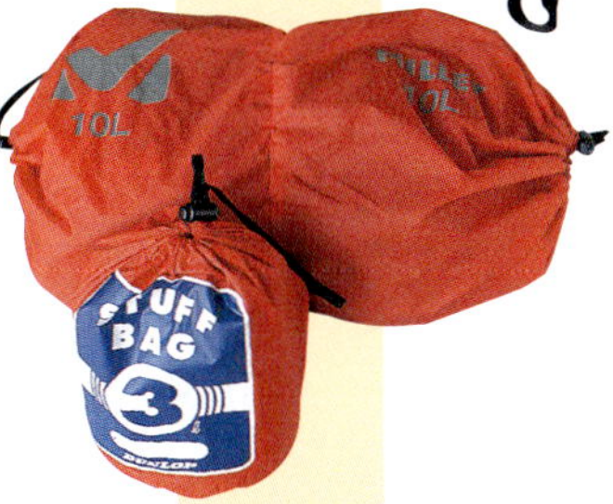

↑
ザックの中の整理に役立つスタッフバック。色もサイズも豊富なので用途に合わせて選ぶ

→
ザックの側面にはステッキを収納できるような工夫がされており、使用しない時にも邪魔にならずに持ち運べる

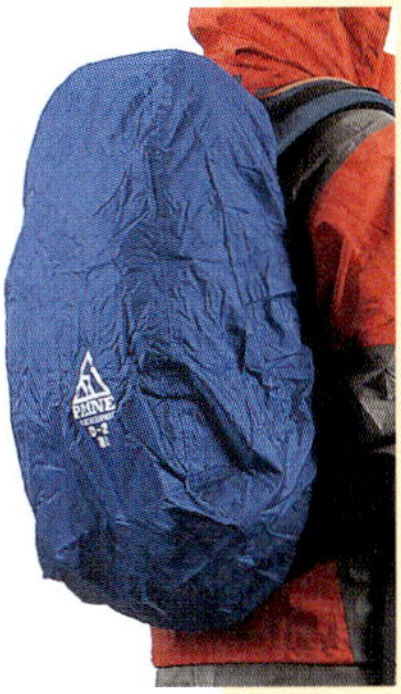

↗
雨の中を歩かなくてはならない時にはザックの中が濡れないように、ザックカバーは必須

必需品と便利グッズ

山歩きに携帯するものとしては必需品と、あると便利な小物と2種類に分けられる。ここに挙げた必需品に関しては、初級・中級にかかわらず山歩きの際には携帯してほしい。あると便利な小物は山歩きを続けていく中で、自分のスタイルをみつけ＋αの工夫を楽しみたい。

便 携帯ガスコンロとシェラカップ
カートリッジ式の携帯コンロとシェラカップがあれば、休憩時にお茶をわかして温かい飲み物を飲んだりできる

必 折りたたみ傘
防寒対策としても持ち歩くレインウェアのほかに、折りたたみ傘も必需小物

必 登山地図
道標がしっかりある山へ向かうとしても、1／25000地形図は持って行きたい。道標がしっかりしているからこそ、地図の読み方の練習にもなる

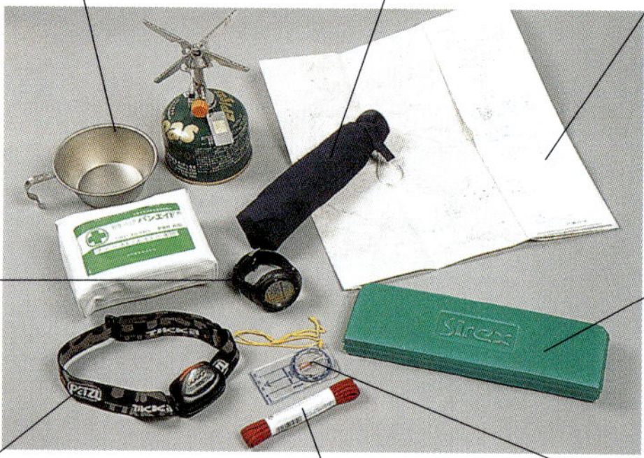

必 時計
防水の腕時計がよい。高度計が内蔵されているタイプのものもあり、現在地の確認の際に役立つ

便 マット
ウレタンのマットは軽く持ち運びにも便利。休憩時などに岩場に座る時などに活躍

必 ランプ
出かける前には必ず電池や電球の点検をする。頭につけて使用し、両手は空くようにする

便 靴ヒモ
靴のヒモが切れてしまった時はもちろん、靴の底がはがれた時に靴底をしばる役割などにも使える

必 コンパス
地図とコンパスを使い現在地を確認しながら山歩きをし、地図の読み方とともにコンパスの用法にも慣れたい

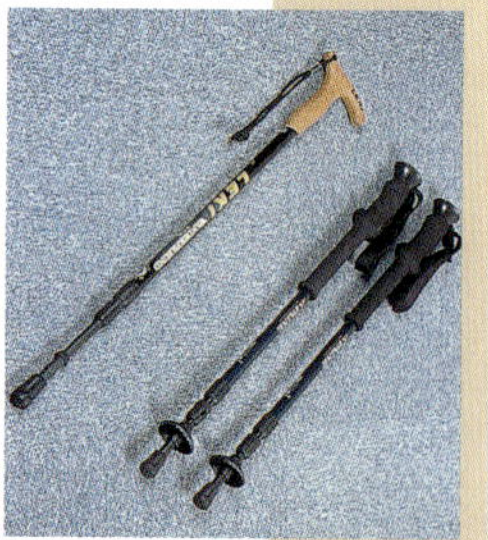

便 救急パック
ケガの応急手当て用に消毒液や絆創膏などがあるといざという時に便利

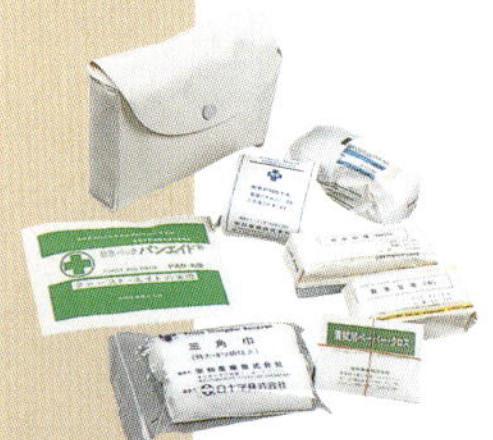

便 方位磁石
腕時計のベルト部分に取り付けることのできるミニサイズの方位磁石

必 ステッキ（ストック）
通常1本で使用するのが、持ち手がT字のストック。持ち手がまっすぐのストックは2本で使用するのが正しい使用法。どちらも安定したバランス保持に役立つ

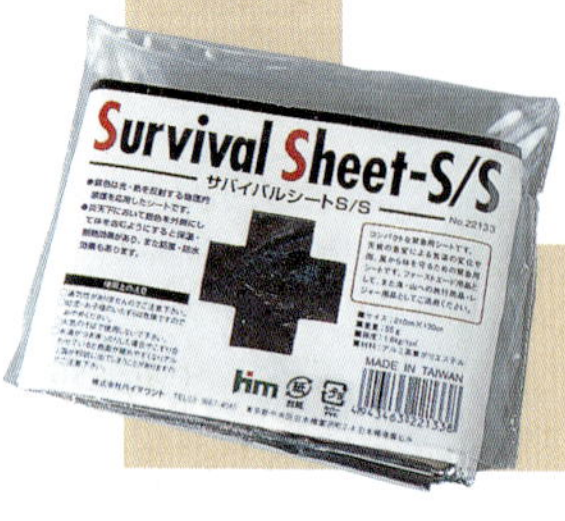

便 サバイバルシート
銀色のシートは、太陽の下で使用すると保温、断熱効果があり、防風・防水もしてくれる。畳むとコンパクトになるのでいざという時のために備えたい

便 緊急用笛
万が一の時に備えておきたいのが緊急用の笛

食料品

飲料と食料については、ペットボトルをそのまま利用したり水筒に移しかえたりと季節や量によって調節する。食料は歩きながら栄養補給をする行動食と、いざという時のための非常食とがある。グッズも食料も万が一を考え、行動する。

飲料

飲料水は、山歩きのコースや時期によって持っていく量に多少の違いはでるが、入門から中級コースの山行きの場合は目安として1ℓもあれば十分

栄養補助食品

休憩時に立ったままでも手軽にとれるようなゼリー飲料タイプのものや、ひとくちサイズのものなどさまざま。飴やドライフルーツなどはポケットやザックの一番上に入れ、いつでも取りだせるようにしておきたい。保存のきく栄養補助食品はそのまま非常食にもなる

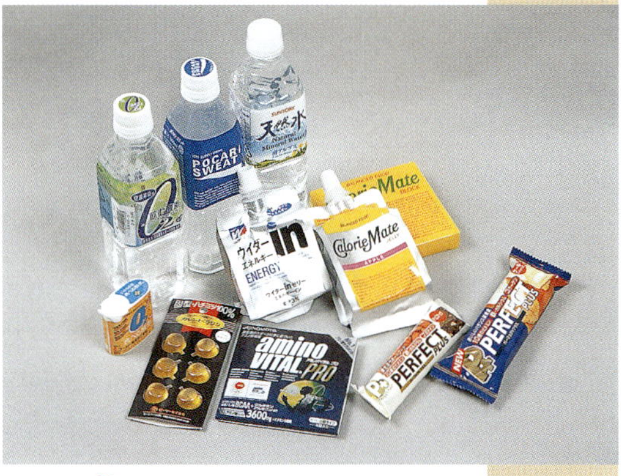

お湯で温めるだけで食べられるインスタント食品も種類豊富に揃う

湯や水を入れるだけで食べられるという便利食料。毎回おにぎりだけじゃ物足りないという向きにはかつ丼などもある

細長い形がザックのちょっとした隙間にも納められるインスタントラーメン。山の上での温かい食事はありがたいもの

夏などは水筒にいれた冷たい飲み物もいいが、秋冬には休憩時に温かい飲み物で体を温めたいもの。湯を沸かすだけのインスタントのコーヒーや紅茶から始めてみるのもよい

シミュレーションコース
Step1-1

奥多摩「三頭山《みとうさん》」を歩く

ブナの原生林が美しい登山道で基本的な技術を復習

シミュレーションコースStep1-1では、まず最初に奥多摩「三頭山」を舞台とし、登山コースをガイドすると同時に、基本的な歩行技術や、チェックすべきポイントを解説する。初心者向けの山としておなじみの山だが、コンパクトで変化に富んだ地形の中を行くコースは、分岐点も多く、初級コースを復習するためには最適な山だ。

1531m
東京都・山梨県

難易度	初級者向け
	[体力] ★★ [技術] ★
歩行時間	3時間45分
歩行距離	6.2km
高低差	540m

山のプロフィール

山名は頂上稜線に3つのピークがあることが由来とされる。奥多摩三山の最高峰で、山梨県と東京都にまたがる山域東側には「都民の森自然公園」がある。ブナの美林が残る山として親しまれている。

高低表

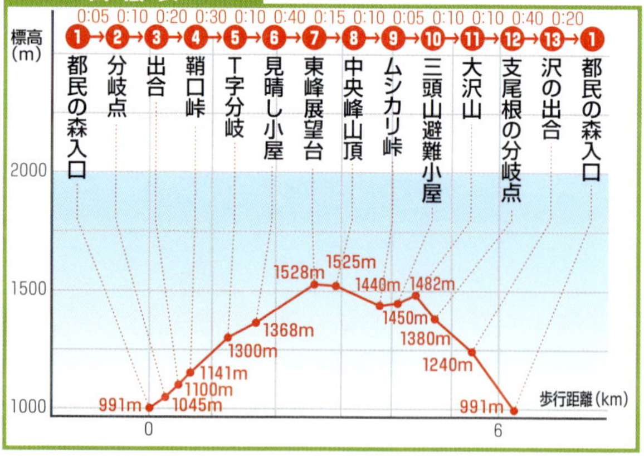

アクセス情報

電車で行く

新宿駅 →（0:40 JR中央線 青梅特快）→ 拝島駅 →（0:20 JR五日市線）→ 武蔵五日市駅 →（1:10 西東京バス）→ 都民の森入口 → 三頭山 往路を戻る

車で行く

首都高高井戸IC →（50km 中央道）→ 上野原IC →（25km 県道・奥多摩周遊道路）→ 都民の森入口 → 三頭山 往路を戻る

山の知識 ［登山計画のポイント］

真冬の積雪時期以外は登山適期だが、JR武蔵五日市駅から登山口となる都民の森入口までのバス運行日に注意が必要。また、マイカー利用の場合は都民の森駐車場を利用することになるが、休園日と開門時間を事前にチェックしておく。ムシカリ峠からショートカットして下れば、40分程度の時間短縮となる。長い下りが苦手であればこちらのルートをとる。大沢山経由で長いルートをとる場合は、ショートカットのルートをエスケープルートとする。東峰展望台か中央峰山頂で、早い時間に昼食休憩を採るようにし、夕刻前には登山口に戻るように計画したい。特別の装備は必要ないが、大沢山からの長い下りに備えてストックがあれば便利。

三頭山中央峰山頂

コースガイド

<①都民の森入口～③出合>

登山口の**①都民の森入口**には、広々とした駐車場にバス停や土産物店、トイレ、入山ポストなどがある。鞘口峠《さやぐちとうげ》から三頭山に至る登山道は、売店の前から北に延びる舗装された遊歩道を登る。谷を詰めるように登る道は、すぐに両側から山が迫り、森林館の手前で最初の**②分岐点**に出合う。左手の山腹に登る道は、三頭大滝に至る道で、コースの最期で再びこの分岐点に戻ることになる。ルートはそのまま直進し、前方に見える森林館の下をトンネルでくぐりながら、なおも舗装路を登っていく。木材工芸センターの前で道は二股に分かれるが、急坂を直進して建物の脇をかすめるように登る。道は舗装路から木材チップを敷き詰めた路面に代わり、沢の左岸に出る。少し登ると、左手からさらに1本の沢が合流する地点**③出合**に至る。木橋で沢を対岸（左岸）に渡り、出合に向って落ち込んできている尾根の舌端《ぜったん》を回り込む。すぐにまた木橋で対岸に渡り、合流している2本の沢を渡り、左手（西方）の山腹に取り付く。

バス停と駐車場のある登山口

歩行技術 [登山口で注意すること]

登山口に着いたら、すぐに歩き始めるのではなく装備を点検し、下山後の行程も含めて今一度、予定を確認しておく。

❶帰りのバス時刻表や駐車場閉門時間を確認する。
❷入山届ポストには必ず登山計画書を記入、投函する。
❸ストレッチや軽い体操で、身体の筋を伸ばす。
❹歩き始めれば暑くなるので、ウェアを一枚脱いでおく。

歩行技術 [歩き始めのポイント]

歩き始めでは、はやる気持ちを抑えてリラックスするように歩く。ゆっくりしたペースを保ちながら足を進め、30分程度は休憩なしで歩く。

歩き始めでは、意識して歩幅を狭く取り、ゆっくりと歩く

登山口付近は登山道や林道が集中していることが多く、歩き始めにコースを間違えることがある。分岐点を見過ごさないようにする

地図と地形 [地図と地形を見る]

P.19のMAPと国土地理院の地形図(1/25000)を比べて見る。沢の出合や顕著な尾根など現場の地形を見ながら、地形図と見比べると、地図や地形図に親しむことができる。※(登山道を示す点線については、現状に合わせて変更している)

沢や川の上流から下流に向かって「右岸」「左岸」という。間違えずに覚えておこう

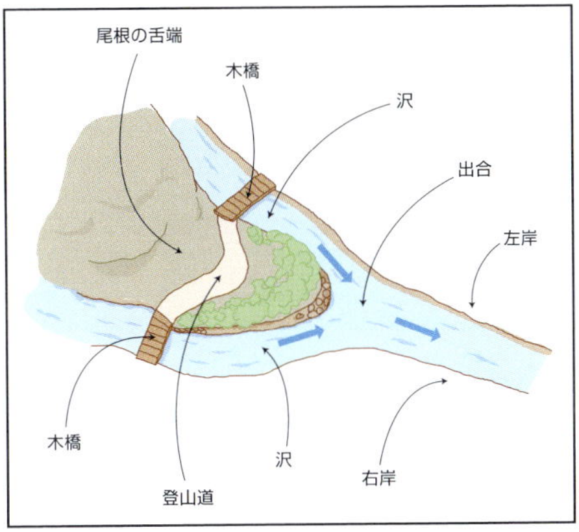

二つの沢や川が合流している地点を「出合」または「二俣」という

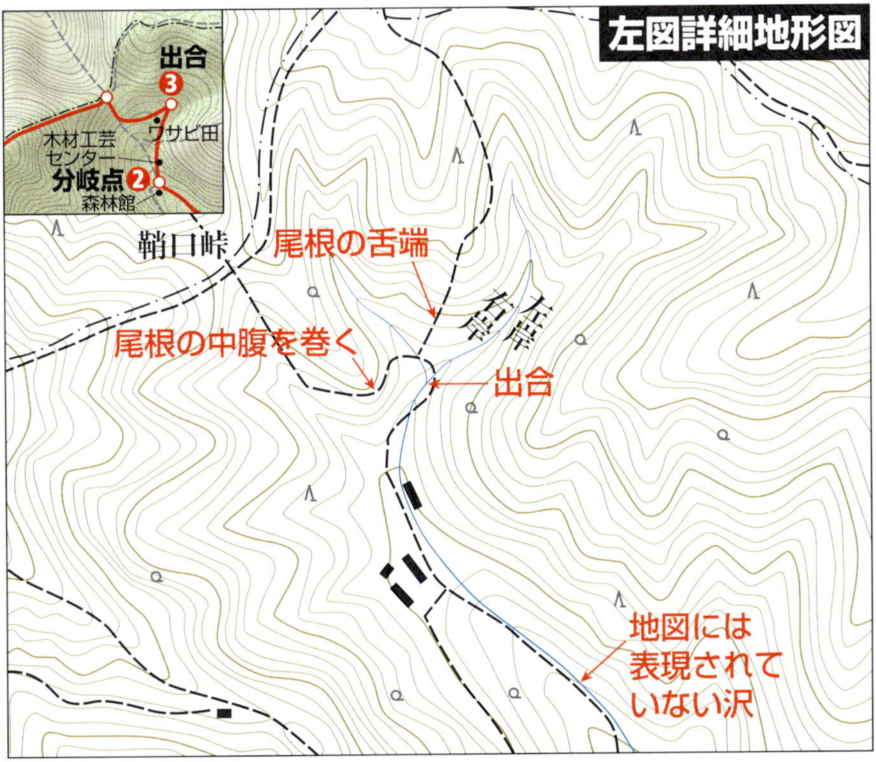

木組みされた階段を登ると
鞘口峠が見えてくる

コースガイド

<③出合～④鞘口峠>

③出合で沢を2本渡ると、ルートは本格的な登山道となる。尾根の中腹を巻くようにして、木材チップが敷かれた道を緩く登って行く。下方には、歩いてきた沢の出合や、尾根の舌端を俯瞰できて興味深い。やがて木材チップの路面が途切れ、尾根をまわり込むと、左手（西方）下方は沢状の地形となる。この沢の上部に鞘口峠があり、道は谷を下方に見て山腹を斜めに登って行く。石積みや横木を置いて歩きやすく整備された登山道は、徐々に勾配を増して、木組みされた階段が現れるころには前方に休憩所のある**④鞘口峠**も見えてくる。

峠の上では、稜線通しの道と峠を乗り越える道が十文字に交差し、南側に突き出した休憩所の他に、ベンチや案内板が立っている。典型的な地形を見せる峠は、かつて甲州路の裏街道として人や物が往来した要衝であった場所だ。

歩きやすい木材チップを敷き詰めた道

歩行技術 [急斜面での立ち姿勢]

急斜面では足裏全体を地面に押し付けるようにし、姿勢は重力の働く方向に垂直を維持してバランスを取る。

×

滑ることを恐れて前傾姿勢になると、足裏の摩擦係数が低くなり、かえって滑りやすくなり危険

○

重力の方向を意識してまっすぐに立てば、身体のバランスも取りやすく、ムダな労力を使わずにすむ

歩行技術 [足の置き方]

足場の悪い場所では、足の裏全体を地面に接地できる安定した場所を選んで歩を進める。

歩幅を狭くして登る

山の知識 [すれ違いのルールとマナー]

登山道では原則として登りの登山者が優先。道幅が狭いところでのすれ違いは、山側の安全な場所に立って下山者が道を譲る。

すれ違う時に軽く挨拶するのも山のエチケット

山の知識 [小休止の取り方]

特に歩き始めは、休憩も短めに済ませる方がよい

休憩は1時間に5〜10分程度取るのが一応のめやすだが、コースの状況や体調に合わせて、小休止、大休止、食事休憩を組み合わせて取る。休憩中（小休止）には小まめに水分補給する。また、ベンチに座らずザックだけ下ろすようにするのもよい。

地図と地形 [鞍部・峠]

稜線が窪んだ部分を「鞍部（コル）」と言い、鞍部を乗り越えるようにして道が付けられた場所を「乗越し」または「峠」という。峠と名前が付いている場合は、昔から人の往来が盛んであった場所が多い。

登山道の交差点では、必ず地図や地形図上で現在地を確認しておく

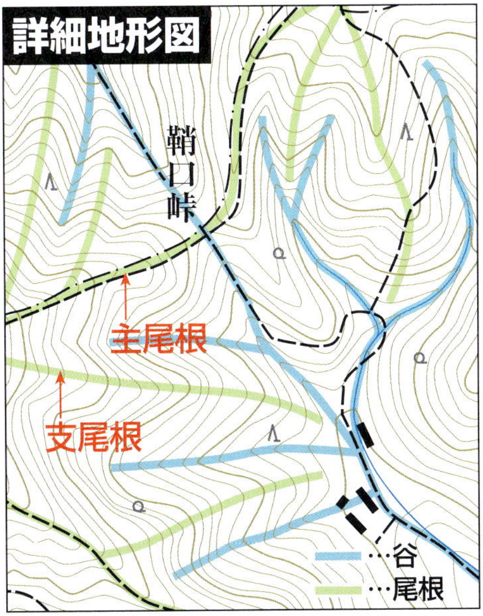

地形図で鞘口峠をみると、東西（左右）から尾根を示す山形の等高線が拮抗《きっこう》し、南北（上下）から谷を示す等高線がボトルネックのように狭くなっている。地図や地形図を読む上で基本となる尾根と谷の違いがはっきりと判る場所だ。判りやすい場所で地図と地形を見比べ、少しずつ地図に親しむことが重要だ。

コースガイド

＜④鞘口峠～⑥見晴し小屋＞

④鞘口峠から先、次のポイント地点である見晴し小屋を目指す。鞘口峠は三頭山の主稜線にあり、ルートはこの稜線（尾根筋）を登って行く。

尾根を辿る道は、見晴し小屋までの数箇所で分岐がある。それぞれ「ブナの道」と「登山道」と名称が付けられて、整備された道標に明記されているので、たとえ地図を見なくても迷うことはない。「ブナの道」を辿っても「登山道」を行っても、登った先で合流するので、どちらでもよい。

見晴し小屋からの展望

鞘口峠からすぐに高度を増す尾根筋の急坂を登っていくと、やがて、樹林の間から右手（北方）に奥多摩湖が見えてくる。なおも登っていくと、道は尾根筋から少し北側に下りた辺りに付けられ、尾根上の小ピークを巻いて登る。左手上の尾根上にところどころ岩の露出した小ピークを見上げて急坂を登り詰めると、小さな鞍部の**⑤T字分岐**に至る。左手からは鞘口峠からの別ルートが南東から合流し、ベンチが置かれている。

尾根上に立つ見晴し小屋

T字分岐を右手に進み、尾根筋を進むと、ブナやミズナラが樹林に混じるようになる。尾根の勾配が急になり、尾根幅も広がると、道は二股に分かれ、右手斜面を登り詰めると**⑥見晴し小屋**に着く。

歩行技術 [急坂での歩幅]

丸太を置いて段差を付けた急坂では、慣れないと歩調が取り難い。歩幅とペースを乱さず、無理な力を使わないよう歩くのがコツ。丸太を壊したり、周囲の環境にダメージを与えるような歩きは慎みたい。

段差に合わせて足を上げると、かなり足を高く上げることになり、足腰の負担が大きい

段差の隅や手前にある石などを見つけて、できる限り足を上げることなく段差を上がる

歩行技術 [露出した木の根]

地面から露出している根を踏むことによって、樹木にダメージを与えてしまうこともあるが、根が湿っているときには非常に滑りやすい。

根に足を取られて転倒しないように、安定した足場を捜しながら慎重に歩を進める

山の知識 [携帯電話の注意]

ポイント毎に通話可能な場所であるかを確かめておくと、緊急時に役立つ

山の中は、尾根に囲まれた谷間では電波が届かず、また尾根上では、最も近い電波局を捜して携帯電話内部のアンテナが回転し続け、バッテリーの消耗が激しい。イザという時に電池切れ、ということのないように用件のないときには電源はOFFにしておく。

山の知識 [高度計を正しく使う]

高度計機能付き腕時計は、小まめに調整することではじめて、高い精度の情報が得られる。天候が急速に変化し、気圧の変動が大きい日には、誤差が大きくなる。

地図上で明確に確認できる場所や信頼できる高度表記があれば、そのつど微調整する必要がある

地図と地形 [巻き道と尾根上の小ピーク]

尾根筋に沿って登って行くと、いつの間にか道が尾根から多少離れて、山腹側に延びていることがある。縮尺の大きな登山地図では、尾根上に登山道を示すラインが引かれていても、このようなケースは多々ある。これは小ピークを迂回して進むための「巻き道」で、縮尺によっては地図上で表現できない場合がある。

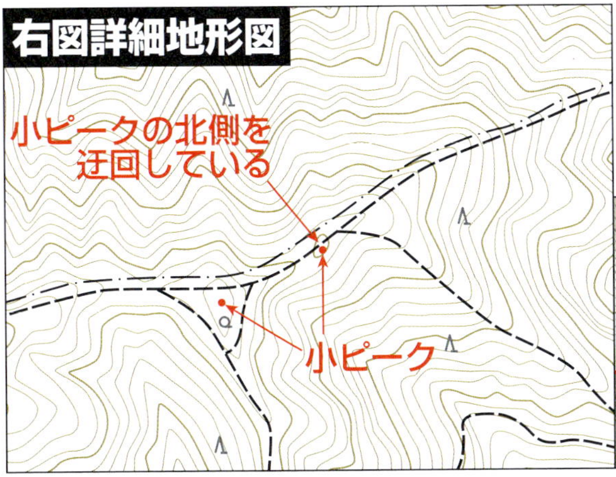

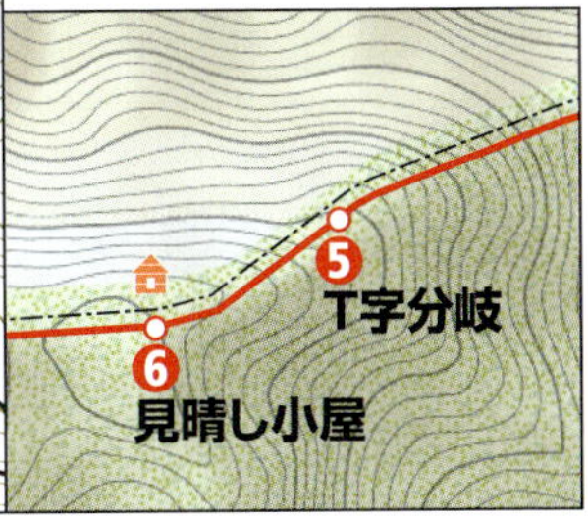

登山ガイドブックの地図では縮尺や精度に制約があるため、あたかも登山道は尾根上を進むかのように表記され、小ピークの存在も表現されていない。1/25000地形図を注意深く見ると、小ピークを示す等高線のわずかに北側を登山道が通っている

コースガイド

＜⑥見晴し小屋～⑦東峰展望台～⑧中央峰山頂＞

尾根上のピークに立つ**⑥見晴し小屋**は、風通しのよいあずま屋のような造りで、タンカなど非常用の器具を収める物置もあり、避難小屋の機能が加味されている。見晴し小屋の前のベンチで休憩し、展望を味わったら、次のポイントである三頭山東峰を目指して進もう。

見晴し小屋の裏手から屈折して斜面を下ると、すぐに小さな鞍部に出た後、再び尾根筋の登りとなる。ところどころに丸太で段差を付けた急な登りとなる。急登が断続する辺りだが、登山道の周囲にはブナの高木が林立し、新緑のころならば、透き通るように新鮮な緑と、多彩に伸びるブナの枝ぶりに目を奪われることだろう。

東峰展望台からの眺望

しばらく登ると分岐が現れる。右折を選び先に丸太階段を登ると直ぐに**⑦東峰展望台**に登り着く。展望台は三頭山東峰から東側に突き出したテラス風。御前山や大岳山も望める日当たりのよい木製デッキは、食事休憩や大休止にちょうどよい。東峰から少し北西に寄ったの尾根上に、三頭山最高点（1531m）があり、富士山や丹沢方面の展望が開けた**⑧中央峰山頂**に至る。

ブナ林の中を山頂に向って高度を上げる

歩行技術 [丸太につま先をのせない]

段差のある場所でも歩幅を狭く取ることが歩行の基本だが、段差で丸太の上につま先をのせて体重を掛けると滑りやすい。

足を踏み外しやすく、前のめりに転倒してしまうこともある

なるべく歩幅を狭く取りながら、安定した足場を踏むようにする

山の知識 [道標や案内板を見落とさない]

道標や案内板の中には、歩く方向や登山者の視線から、見落としやすい位置に立っているものもある。道標の見当たらない脇道などがあれば、立ち止まって辺りを見回して見るか、通り過ぎた後に一瞬でも振り返るとよい。

目立たない案内板

下りで見落としやすい道標

山の知識 [休憩中は身体の冷えに注意]

食事休憩や大休止を採るときには、身体が冷えないように、衣服を調整する。Tシャツ一枚で歩いていた場合も、上にYシャツを着込むよりも、レインウェアの上着やウインドブレーカーなど、風を通さず、着脱や調整がしやすいものの方がよい。座り込んでしまうと、急速に身体は冷え始める。

ザックを降ろしたらすぐに上着を羽織る

山の知識 [下山前に靴ヒモを絞め直す]

下りにかかる前に、装備や持ち物の点検をし、靴ヒモを絞め直してから出発する。靴ヒモを絞め直す際には、靴の中で足をかかと側に寄せた後、ツマ先からヒモを締めていくとよい。靴ヒモは、最後のフックの掛け方が、登りは上から下に、下りでは逆に、下から上に掛ける様にする。

登り下りで違う靴ヒモの絞め方

地図と地形 [山頂からの下降①]

山頂からの下降は、登山口からの歩き初めと同様、道を間違えやすい場面だ。地図とコンパスを確認してから下降する。

慎重に行動したい山頂からの下降第一歩

地図と地形 [山頂からの下降②]

道の延びる方向が確認できない場所も多い。しばらく下降し、道の向う方角や周囲の地形が見えたところで、今一度、地図と道や地形を見比べる。

登山道の向かう方角を見定める

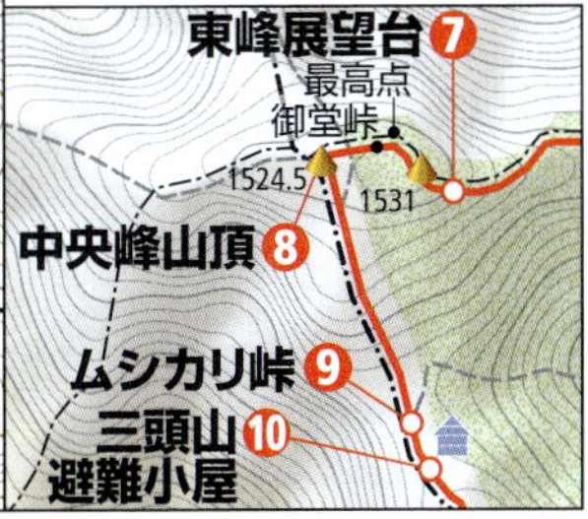

コースガイド

<⑧中央峰山頂～⑪大沢山～①登山口>

⑧中央峰山頂から南へ延びる尾根を辿り、ムシカリ峠を経て大沢山へ向う。樹林に覆われた山頂南側斜面を下ると、やがて南に延びる尾根筋が明瞭となる。丸太の階段が付けられた急勾配の斜面と、緩やかな下りを繰り返して、明るい尾根筋の道を進むと、分岐点のある**⑨ムシカリ峠**に着く。「峠」と名が付いてはいるが、鞘口峠のように鞍部を乗っ越して西側へ下る道は見当たらない。現在は、東側に降りて三頭大滝に至る道とT字路をなしているだけだ。地図を見るとムシカリ峠は、三頭山と大沢山を繋ぐ「吊り尾根」の最低鞍部であることが判り、昔は西側に抜ける道も使われていたのかも知れない。

ムシカリ峠から再び登りに転じる道を進み、急坂を登りつめるとそこに国立公園施設の**⑩三頭山避難小屋**がある。ウッディな外観の小屋には公衆トイレも併設している。小屋の前にはベンチも置かれ、晴れた日には、ここから富士山の眺望を楽しむこともできる。

三頭大滝が真近に望める滝見橋

避難小屋から山頂表示の立つ**⑪大沢山**までは緩い登りが続くものの、それもわずかな距離で、ここを過ぎれば、道はほぼ一本調子の下りとなり、**⑫支尾根の分岐点**に至る。

中央峰山頂から大沢山へ向う尾根道

分岐点で道は二俣に分かれ、西原峠に至る道を右に見て、左側（東方）の山腹急斜面を下る。道は分岐点から分かれて東に延びる支尾根上に付けられ、1334mの小ピークを過ぎた地点で左折、支尾根を離れ、三頭沢へ向けて下降する。三頭沢支流を徒渉して沢沿いに下ると、**⑬沢の出合**に至り、ムシカリ峠から下ってきた道が左手から合流する。三頭大滝を見下ろして林道を下れば、**①都民の森入口**に着く。

山の知識 [避難小屋]

三頭山避難小屋

山小屋は大きく分けて、スタッフの常駐する営業小屋と、無人の避難小屋がある。通常避難小屋には雨風を凌ぐための設備しかない。

山の知識 [ヘビに注意]

マムシは、薄暗い沢や湿地で下草が生い茂っているような場所にいる

マムシなど危険な生物との遭遇は、登山道を歩いている限りそれほど多いことではない。

山の知識 [水場]

水場に向かうときは方向に注意する

山中の水場は季節や天候によって涸れている場合もありえる。日帰りの山歩きであれば、水場をあてにしない計画を立てた方が無難。

歩行技術

[身体のバランスを腹筋で取る]

足の筋肉に頼りすぎるのは禁物

急坂だからといって、一歩一歩、足の筋肉に頼った歩き方をすると、バランスも取りづらく、筋力・体力の消耗も大きく、スピードも上がらない。

歩行技術

[下りは浮き石に注意する]

丸太の階段や土留めのある下りでは、視線の高さや角度から、浮き石が見えにくい。丸太の位置から次の一歩を降ろす時には、石の上を避けて足を置く。

歩行技術

[ガレ場の通過]

ガレ場では不安定な石に足を取られないように注意し、上部からの落石を警戒して早めに通過するようにする。

山側にストックを突きバランスをとる

歩行技術

[ストックの使い方]

ストックの支点と両足の位置関係はV字形、または逆V字形になるようにして使う

バランス保持に労力を使う下りでは、ストックを使うことで支点を3点になり有利。

地図と地形

[支尾根の下降]

主だった尾根（主稜線）から派生した支尾根を下る場合も、細心の注意を払う。特に支尾根に沿って下る場合は、誤って他の支尾根に入り込まないよう道標がわかりづらい場合や設置されていない所では事前に下降点のあることを意識して歩き、地図で確認した上で下降する。

主稜線から支尾根への下降点

シミュレーションコース

Step1-2 「太神山《たなかみやま》・湖南《こなん》アルプス」を歩く

多用な地形で地図読みに親しむ

シミュレーションコースStep1-2では、山歩きの基本を実際のコースに沿って解説する。関西の山として、「太神山」を選び、湖南アルプスとも呼ばれるコースを歩く。標高や高低差こそ低いものの距離的には長いコースだ。基本的な歩行技術を確認するとともに、地図と地形の比較や、現在地の確認などを実践する。

高低表

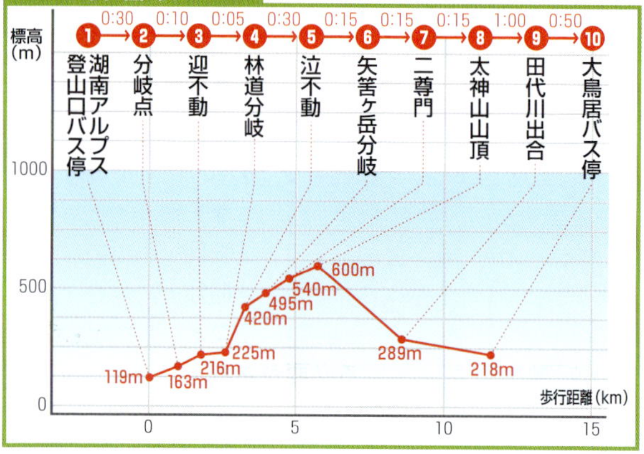

花崗岩質の山肌が特異な湖南アルプス

アクセス情報

電車で行く

大阪駅 →（JR京都線・琵琶湖線新快速 0:41）→ 石山駅 →（帝産湖南交通バス 0:31）→ 湖南アルプス登山口バス停 → **太神山・湖南アルプス** → 大鳥居バス停 →（帝産湖南交通バス 0:40）→ 石山駅 →（JR琵琶湖線・京都線新快速 0:41）→ 大阪駅

車で行く

吹田IC →（名神高速道路 46.6km）→ 瀬田西IC →（県道28号・108号など 9km）→ 湖南アルプス登山口 → **太神山・湖南アルプス**

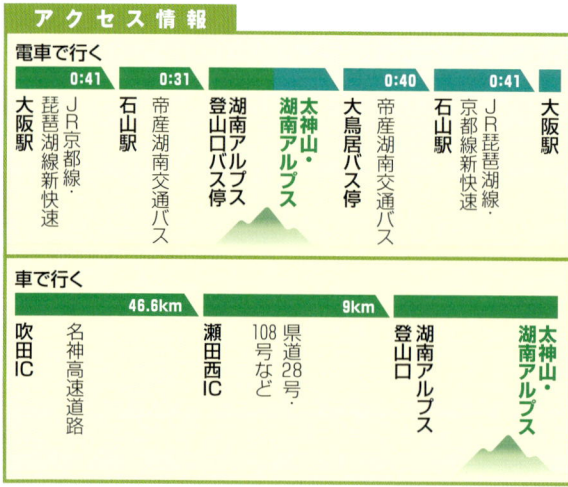

600m
滋賀県

難易度 **初級者向け**

[体力] ★★
[技術] ★

歩行時間 3時間50分

歩行距離 10.8km

高低差 481m

山のプロフィール

滋賀県大津市に属する田上山地の最高峰。湖南アルプスと呼ばれる山域の中心をなし、山頂部には天台宗寺門派の不動寺がある。

山の知識 [登山計画のポイント]

登山口と下山地が湖南アルプスを挟んで離れているため、マイカーは利用しづらい。登山口、下山地ともバスの起終点がJR石山駅前となっているため、駅周辺の駐車場を利用することになる。コースの一部のみ歩く場合は、天神川沿いにある迎不動先の林道脇、太神山北方の公衆トイレ前に駐車可能。

登山適期は不動寺境内のサクラの開花期（4月初～中旬）や、天神川の渓谷で新緑や紅葉の見られる時期だが、コースとしては通年で無理なく歩くことができる。危険箇所もなく安心して歩けるコースだが、長い距離を歩くことになるので、体調管理を万全にして臨みたい。夏期には飲料物を多めに持参するなど暑さ対策も考える必要がある。

フラットな登山道を泣不動へ向かう

天神川の清流が造る広い川原

コースガイド

＜①湖南アルプス登山口バス停～②分岐点＞

JR石山駅前からの帝産バスを終点の①**湖南アルプス登山口バス停**で下車。バス停の直ぐ前がY字路になっており、太神山方面から天神川に沿って下ってきた東海自然歩道が瀬田方面に延びている。バス停は田んぼと民家に接した広場にあり、道を隔てて大きな観光案内板が立っている。湖南アルプス全体を絵地図で表わした案内板で、今一度、山域の全体像を確認してから出発しよう。

バス停横の道標に従い、天神川を右に見て舗装路をゆるく登って行くと、欄干のない橋で天神川左岸に渡る。欄干のないのは、増水時に橋が流されないための工夫で、集中豪雨などで水流が橋を越えれば通行不能となる橋だ。さらに林道を進むと、右手の山肌には岩の露出した奇岩が立ち、左手の天神川は大きな川原を造っている。広々とした川原は周囲の山々の景観もよく、ところどころにバーベキューなど火を使った跡が見られる。コースからは外れるが、時間が許せば林道から川原に降りてみたいところだ。

広い川原を左に見て舗装された林道を登って行くと、道標と入山届ポストのある②**分岐点**に出合う。

入山届ポストがある矢筈ヶ岳方面との分岐

対岸の山からは幾筋もの沢が注いでいる

地図と地形 ［地形図上で沢をさがす］

地形図と実際の地形を比べて、沢が本流に注ぐ小さな出合が地図上に表現されていない場合がよくある。水流を示す水色のラインがない場合である。このような場合でも、等高線の波形で沢の存在を地図上で確認することができる。

ゆるやかな滝となって天神川に注ぐ沢

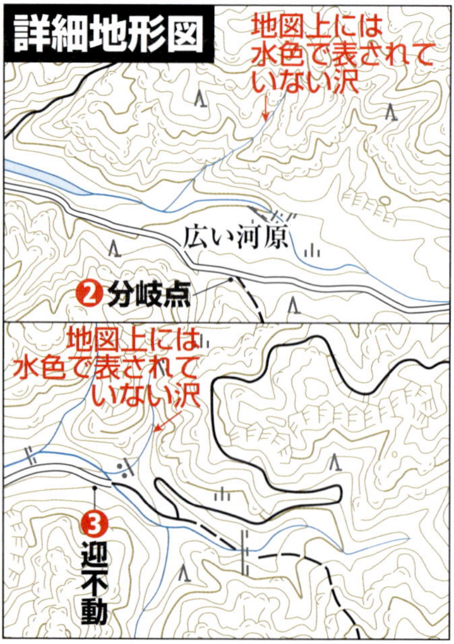

地図と地形 [観光案内板を正しく見る]

観光地にある登山口では、地元で設置した観光案内板が立っていることがある。多くは軽いハイキングや散策路、観光スポットを紹介したものだが、登山者を対象にしたものもある。山域全体の登山コースを把握するのには便利だが、正確さには難がある場合もあり、読み方に注意を払いたい。

登山口バス停の前にある観光案内板

案内板では地図の原則に従って、上（北方）下（南方）左（西方）右（東）で絵地図が描かれているが、設置してある向き（方向）で見ると右側が西を向いているために誤解をうみやすい。すなわち、道標と同じように方向を見てしまうと、勘違いしてまったく逆の方向に歩いてしまう危険性がある

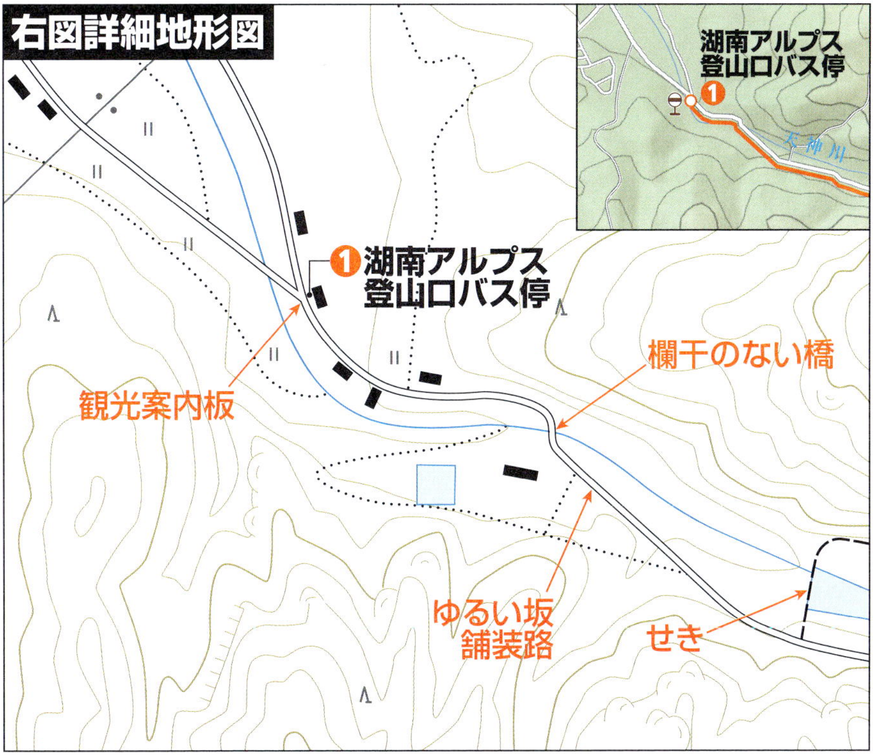

渓谷美を見せる天神川上流

コースガイド

<②分岐点～③迎不動>

矢筈ヶ岳へ向かう登山道を右手（南東）山腹に見送り、**②分岐点**から林道を進むと、やがて天神川が削った谷幅も徐々に狭まる。途中に見える対岸の山肌には花崗岩の巨岩がところどころで見られ、特徴ある景観を味わうことができる。林道を覆う樹林も緑を深め、渓谷美を楽しみながら緩い坂道を登っていくと、お堂のある**③迎不動**に着く。

分岐点から迎不動までは、山歩きの気分も高まってくるが、交通量は少ないものの時折通過する車もあるので、充分に注意して歩きたい。

迎不動にはトイレと大きな案内板があり、古色蒼然としたお堂は、古くから信仰の対象として登られてきた山であることを実感させてくれる。天神川右岸から鎧ダム方面に向かう登山道入口もある。また、対岸には急峻な岩場から滝となって天神川に注ぐ沢もあり、休憩ポイントとしてちょうどよい場所だ。

迎不動と林道

迎不動付近で大岩を削って落ちる滝

春にはいたるところでヤマツツジが見られる

歩行技術 [沢の徒渉]

整備された登山道では、跳び石伝いの徒渉ポイントも渡りやすく石が置かれている。跳び石が見当たらないときには、水流の幅が広く、水面がさざなみ立って見える場所を捜す。水流が狭い場所は途中で深くなっていることが多い。

整然と並んだ飛石で沢を渡る

山の知識 [ビニールテープのマーク]

林道の途中で見つけたビニールテープを巻いたマーク。マークから林の中を、沢の方向に踏み跡がある。沢沿いの林道や登山道で見かけるマークで、渓流釣りのポイントを個人的につけたもの。山中のマークには、臨時に付けるものや個人的な目的で付けるものがある。周囲の状況によっては、登山道と間違えてしまうこともあるので注意が必要だ。

山の知識 [山の危険生物]

山で出会う危険生物の筆頭はスズメバチ。死亡に至る被害者が最も多い。このような表記がある場合は、それ以上先に進まないようにしたい。正規の登山道以外のサブルートや、休憩場所のような所で見かけることもある警告表示。

山の知識 [林道の歩行]

林道といえども道路である。原則としては右側通行を守って歩こう。また、交通量の少ない林道では、かなりのスピードで走る車もあるので気をつけたい。見通しの悪いカーブなどでは、車の接近を事前に音で察知して端によけるほうがよい。

登山道から瀬田方面を遠望

コースガイド

<③迎不動～④林道分岐～⑤泣不動>

③迎不動からさらに林道を進むと、ほどなくガードレールのある橋で天神川右岸に渡る。林道が大きく左にカーブし、急坂となる角に小さな地蔵堂が立ち、左手に駐車スペース、前方に車止めが見える。一般車が通行できるのはここまでで、マイカー利用で太神山山頂へ向かう場合は、ここに車を置いて往復するのがよい。

車止めの先で林道はジャリ道にかわり、急坂を登っていくと不動寺・太神山に向かう登山道が、林道から分かれる④**林道分岐**に至る。

左に登って行く林道を見送り、不動寺方面の道標を確認してから登山道に入って行く。樹林帯の中のフラットな道を進むと、細い沢を渡る不動橋に出合う。小さな橋を渡ると、山腹を巻くように付けられた道が緩く登り、回りこんだ辺りから急登が始まる。登山道は花崗岩の露出した急坂の登りで、足元が滑りやすい場所もある。急登で高度を上げていくと、途中にテラスのような場所に出る。ここからは、下界の町並みが遠く見下ろせ、周囲の山の様子も見える。

花崗岩質の急坂を登ると、再び深い樹林帯の中に入る。長い丸太階段を登って、道がいったん尾根上に出てフラットになると左手に古い社がある。ここはつり尾根のゆるやかな鞍部で、再び丸太階段を登って山腹を回り込むと⑤**泣不動**に至る。

泣不動へ向かう登山道

歩行技術

[露岩の登り]

露岩とジャリがミックスしたような斜面では、安定した姿勢が保てる道筋を見つけて歩く。

花崗岩の露出した登山道は滑りやすい。ジャリが浮いたような場所を避けて足を置くようにする。また、少しでも楽に登ることができるルートを捜す

雨の流れが花崗岩を洗ったような場所は特に滑りやすい。急斜面では、意識して足裏全体を地面にこすり付けるようにして歩くと滑りにくい

地図と地形 [分岐点]

特に重要な分岐点では、地図とコンパスを使い、周囲の地形と照合・確認する。

林道と登山道の分岐

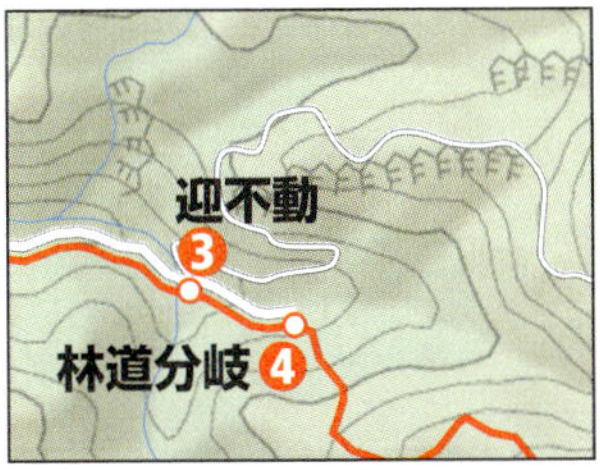

分岐点の道標

山の知識 [丁目石]

1合目（登山口）から10合目（山頂）までの合目標示が高度を示す単位であるのに対して、丁目標示は距離を表わす単位。1丁は約109m。登山口から数えて丁目を増していく。信仰登山が盛んであった山で見られる。

三十三丁目と読める古い1丁目石

大きな自然石に不動像を浮き彫りにした泣不動

コースガイド

<⑤泣不動～⑥矢筈ヶ岳分岐～⑦二尊門>

山腹を巻くように付いた平坦な登山道の途中に**⑤泣不動**はある。右側（南方）の山腹寄りに鎮座した大きな自然石を削って、不動仏を浮き彫りにしたもの。歳月を経て風化が進んだ不動仏と、全体に丸みのある自然石の姿が印象的だ。生花や供え物があげられていることから、現在でも地元の人々に信仰されていることがわかる。

泣不動からしばらくはフラットで歩きやすい登山道が続く。ゆるく左方向に登山道がカーブすると、樹林帯が深くなって道は再び丸太階段の急登となるが、それもわずかな距離で、登り詰めると**⑥矢筈ヶ岳分岐**に至る。分岐点では木製の道標が登山道脇に倒れている。不動寺へのルートは直進、矢筈ヶ岳へは右折となる。

急登から分岐を過ぎて、ゆるく登って再び下ると、平坦で狭い登山道の両側が切れ落ちた小さな吊り尾根を通過する。少し登ると道は幅を広げ、登山道の左手に15体の地蔵が並び、右手上には二尊門も見えてくる。地蔵を通り越してから、左手（北方）から登ってくる広い急坂と合流して**⑦二尊門**に至る。合流する道は、信楽方面から登ってくる東海自然歩道で、下山路はここまで戻ってくることになる。

不動寺の入口になる二尊門

歩行技術

[丸太階段の登り]

足の置き場所を丸太のタテ杭の上に置くと登りやすい。歩きにくい急坂に付けられた丸太階段は、安全に歩ける場所ではあるが、歩幅や足の上げ方を規定されてしまうので、脚には負担が大きくなる。少しでも筋力・体力の消耗を少なくして登る。丸太の立杭に足を置いて登ることで、身体のバランスが取りやすくなる。

足先だけで丸太に載せない

タテ杭の断面にかかとを載せる

地図と地形 **[小さな吊り尾根]**

平坦な登山道の両側が切れ落ちた場所を通過する。両側は沢の上部を形成し、前方には樹林に覆われてこんもりとした小ピーク、振り返れば、越えてきたピークも同じように見える。

吊り尾根の登山道。道幅が狭く、両側が削られたようになっている

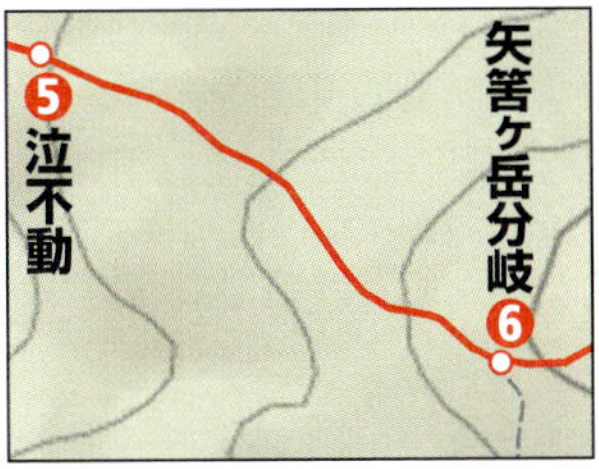

吊り尾根の鞍部から丸太階段で小ピークに登る

山の知識 **[分岐点を見落とす危険]**

登ってきた方向から見て目立たない形で分岐があると、見落としてしまう。立ち止まって、周囲を見回せば、当然のごとくわかることがわからないこともある。ときどき立ち止まって、来た道を振り返るクセを付けておくとよい。

分岐点の角度によっては見過ごしてしまうことがある

二尊門から杉並木の参道を登る

コースガイド

<⑦二尊門～>

⑦二尊門の脇には「太神山本尊不動明王」の石柱が立ち、ここからが不動寺の境内であることを示している。また、江戸時代に造られた燈籠には、寄進者の名前とともに京都・先斗町の文字が読める。不動寺は天慶年間（938～947）に円珍によって創建されたと伝わる寺で、太神山山頂近くに立つ本堂は、巨大な花崗岩の上に木注を組んで立てられている。巨石を抱くようにして立つ本堂の一部は平安時代の作といわれる。巨石に対して畏敬の念を持って崇めた古代信仰の名残り色濃い霊場である。

二尊門をくぐり杉並木の道を登ると、道はいったん平坦になり、周囲には杉の巨木が目に付き始める。鞍部のように窪んだ場所を、渡された木橋で通り越して行くと、再びゆるく登って小さな門をくぐると、境内の中庭のような広場に出る。右側には休憩所やトイレがあり、山桜の木を挟んで向かい側には古い農家のような寺務所がある。奥に進むと、100段以上もある急な石段があり、登り詰める、すでにそこは太神山山頂の一画だ。不動寺本堂裏手の巨石の横をさらに進むと奥ノ院と三角点のある**⑧太神山山頂**に着く。

下山路は、登ってきた道を**⑦二尊門**まで戻り、分岐点から右側の急坂を降りる。急坂が緩むと東海自然歩道の案内板とトイレのある場所に出る。道標に従って未舗装の林道を信楽方面に歩く。途中に何箇所かの林道分岐を通過し、沢沿いに下っていく。視界が開け、大津市境の川を渡ると**⑨田代川出合**で県道に出る。

左右の山々や濃い緑を眺めながら県道を下り、**⑩大鳥居バス停**に至る。

花崗岩の巨石の上に立つ
不動寺本堂

山の知識 [三角点と高度計]

地図上でも容易に確認できる三角点は、正確な高度を知ることのできるポイントでもある。高度計の示す高度に相違がないか確認しておきたい。たとえ登山口で確認してあったとしても、半日の時間で気圧の変化が大きければ、気圧を基にして算出される高度の狂いも大きくなってしまう。

高度計の誤差を修正する

歩行技術 [石段は一気に登らない]

階段の途中で息を整える

長い石段を一気に登りつめるのはやめた方がよい。登山道の急登では、立ち止まって呼吸を整える人でも、石段だと一息で登ろうとする人が多い。途中に一呼吸の休憩を挟んで登ると、負担も少なく楽に登ることができる。風景を楽しんでいる様を装って、休みながら登るようにしよう。

地図と地形 [林道の分岐]

分岐点ごとに立つ道標を見ながら歩ける登山道と違い、道標のない林道歩きでは、分岐点で針路を迷うこともある。地図と地形から針路を判断することになるが、沢の流れや尾根の付き方、道路の幅員などを判断材料とする。

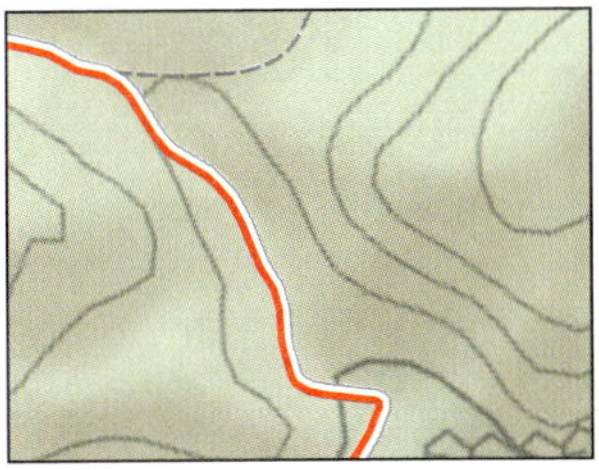

地形図上は左の林道の幅員が狭く表記されているが、実際には同じような道幅にみえる。

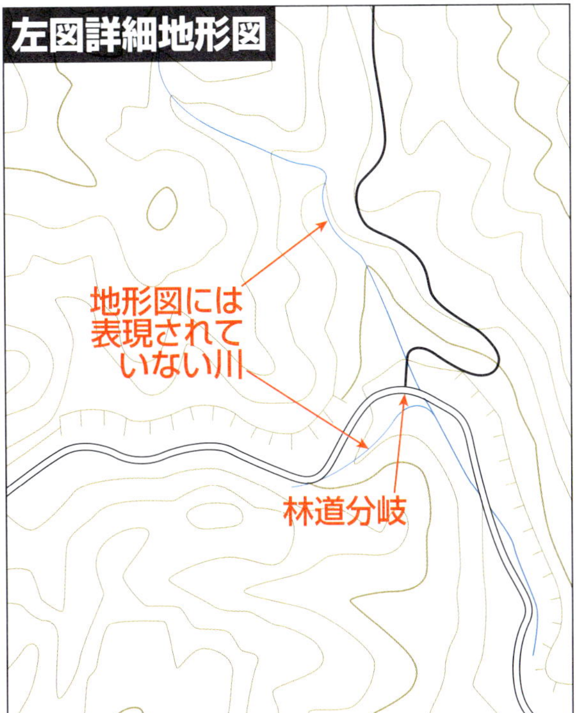

丹沢「鍋割山《なべわりやま》」を歩く

様々な難所を体験しながら高低差のある山を歩く

シミュレーションコースStep2-1では、首都圏の登山者に親しまれる丹沢の入門コース「鍋割山」をステージに選び、Step1の実践を踏まえて、さらに難易度の高いコース上の技術や知識を解説する。丹沢山塊では入門的な鍋割山であるが、歩行距離は長く高低差も大きい。体力・技術ともに初心者から中級者へのステップアップが必要な山だ。

鍋割山稜線から西丹沢と富士山を望む

1273m
神奈川県

難易度 **中級者向け**

［体力］★★★ ［技術］★★

歩行時間 **6時間10分**

歩行距離 **14.7km**

高低差 **1060m**
（最高到達点：金冷シ1350m）

山のプロフィール

丹沢山塊の東部・表丹沢に位置し、塔ノ岳（1491m）から南西に派生した尾根上にあるピーク。山頂からの展望はすばらしく、相模湾の海岸線と江ノ島、伊豆・箱根の山々や富士山が望める。

高低表

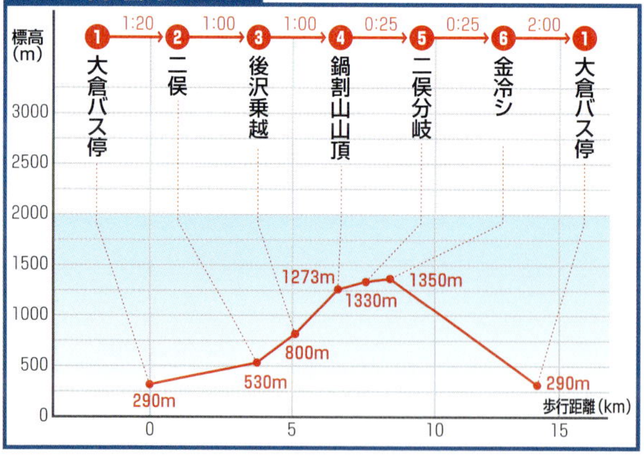

アクセス情報

電車で行く

新宿駅 →（小田急線 1:30）→ 渋沢駅 →（神奈川中央交通バス 0:15）→ 大倉バス停 → **鍋割山** 往路を戻る

車で行く

用賀IC →（東名道 50km）→ 秦野中井IC →（県道・国道246号 10km）→ 県立秦野戸川公園駐車場 → **鍋割山** 往路を戻る

山の知識 [登山計画のポイント]

最寄駅からのバス便も通年営業され、冬季も2月下旬～3月の一時期を除いて積雪はなく、ほぼ通年が登山対象となる。高低差も1000mを越え、歩行距離も長いので、登山口を早朝に出発するように計画したい。下山路の大倉尾根は、初めて下る登山者にとっては、一本調子の下りが長く感じるはずだ。マイカー利用の場合、大倉バス停周辺の24時間営業の民間駐車場を利用するのがよいが、山頂ピストンの計画、または二俣分岐から下山するショートカット・ルートを採るのであれば、入山届ポストの設置された林道の終点・二俣に駐車スペースがある。山頂に立つ鍋割山荘の営業日であれば、山小屋で名物「鍋焼きうどん」の昼食を採るのもよい。

登山者で賑わう鍋割山荘

大倉バス停から畑の中の道を行くと、
表丹沢の山並みが見えてくる

コースガイド

<①大倉バス停〜②二俣>

小田急線渋沢駅からのバスの終点で、登山口となる**①大倉バス停**の周辺は、水無川に架かる「風の吊橋」や秦野戸川公園、県立山岳スポーツセンターがあり、自然公園として整備されている。

バスを降りたロータリーから道を隔てたT字路に立つ道標に従い、鍋割山・二俣方面へ向う。舗装路を西へ向かい緩い坂を登ると、やがて畑の広がる場所に出て、右手には鍋割山の山容も望める。道標の指示通りに歩き、突き当たりを右折して再び左折すると、民家の間から沢沿いに樹林帯の中に入っていく。昼でも薄暗いような樹林帯の中で、塔ノ岳方面へ向かう道を右に見送り、なおも進み、簡易舗装の林道に突き当たったら右に曲がる。林道に出たところには国定公園の標示板がある。林道は左手に四十八瀬川の造る谷を林越しに見ながら緩く登って行く。右側の山腹からは、ところどころで四十八瀬川に向かって沢が流れ落ち、いつの間にか未舗装路となった林道は屈折を繰り返して登っていく。林道歩きで身体がほぐれたところで、ようやく**②二俣**に着く。

二俣はその名の示す通り、塔ノ沢から下ってきた勘七ノ沢が四十八瀬川に合流する出合をなしている。林道を歩いて来ると出合であることはわかりにくいが、勘七ノ沢を徒渉する直前に入山届ポストがあり、手前には駐車スペースがある。入山届ポストから右に、勘七ノ沢左岸を登る道は大倉尾根の途中、堀山の家に至る道。勘七ノ沢を徒渉し、小広くなった場所から右手（北方）尾根に取り付く道は、鍋割山山頂と金冷シ《かなひやし》の中間尾根上にある二俣分岐に直接登る道だ。

分岐ごとに道標が
整備されている

ビジターセンターや公園が
美しい登山口

公衆トイレや土産物店も
ある大倉バス停

入山届ポストは登山口の大倉
のほか二俣にもある

山の知識 [歩き始めのペース]

歩き始めに寒さを感じる場合などは、レインウェアの上着を着たまま歩き、身体が温まってきたところで、汗をかく前に上着を脱ぐようにする。

道が複雑な登山口周辺では地図を手元に歩く

歩行技術

[沢の徒渉]

一般の登山道で出合う沢の徒渉は、飛び石伝いに渡る所や、一本橋、木橋など、周囲の状況に応じて徒渉点が設けられている。渡る前に周囲を見回してみると、最初に目に付いた場所よりも、渡りやすいポイントがある場合がある。いずれの方法で渡る場合も、順番に一人ずつ渡るようにする。

飛び石伝いの徒渉では、無理なく次の一歩が踏み出せる飛び石のルートを見定めた上で渡り始める。足を置く石を決めてからでないと、途中で進退きわまってしまう場合もある

一本橋を渡るコツは、視線を3〜4m先の対岸に置き、バランスが崩れる前に渡りきるようにすること。足元に気を取られるあまりに、足もとに視線を落すと、バランスが取りづらくなるので注意。渡る前に危険の有無を確認する

ハシゴ状に丸太を組んだ橋が渡されている場所もある。一本橋よりも渡りやすそうに見えるが、橋の中央部分の強度が足りずに、登山者の体重で沈みこんでしまう場合がある。水面と橋の間に余裕が無い場合は様子を見ながら渡った方がよい

四十八瀬川の川原から鍋割山を望む

コースガイド

<②二俣〜③後沢乗越>

②二俣で勘七ノ沢を徒渉すると、車止めのワイヤーを跨いで緩い登り坂の林道を進む。やがて林道が大きく右に曲がり、西から北方に針路を転じると、左手から沢の流れが接近し、四十八瀬川左岸の広々とした川原に出る。前方遠くに鍋割山の山頂を望みながら、しばらくフラットな道を行くと、灌木帯の中に入って道は徐々に勾配を増す。

やがて、右手の山腹から本沢が四十八瀬川に合流する出合に至る。灌木帯の中で本沢の流れを一本橋で渡ると、道標の立つ小広い場所に出る。資材置き場の様な場所にペットボトルが並んでいる。これは鍋割山山頂に立つ鍋割山荘が置いている飲料用水で、登山者に荷揚げの協力を呼びかけているもの。山頂部や稜線上にある山小屋では、料理や飲み水として使用する水の確保は切実な問題。体力に余裕があれば協力しよう。

灌木帯の中の広場を過ぎると、すぐに鍋割山南面から下るミズヒ沢を木橋で渡り、急な斜面をハシゴ状の木橋で登る。この付近から道は本格的な登山道となり、杉林の山腹をジグザグをきって登ると**③後沢乗越**に着く。

灌木帯の広場

歩行技術 [急坂での歩行バランス]

足場の安定した長い登り坂では、軽く腕を組むようにすると、身体全体のバランスが取りやすくなる。コツは身体の上下動を小さく抑え、静かに歩くこと。腕をザックの下で組む姿勢を取る人もいるが、これもバランスを取るための工夫。自分なりの姿勢を試してみるのがよい。

腕を軽く組んでバランスをとる

歩行技術 [木橋を渡る]

木橋にも沢を渡るものと、急斜面を登るものがある。どちらも安定した姿勢を保って渡る。

ガレ場の沢に架かった木橋は、一見丈夫そうに見えても接地部分が不安定な場合がある。渡る前に橋の全体を見て安全を見極めるとともに、最初の一歩で接地部分にガタがないかどうかを確かめる

歩きにくい斜面に置かれたハシゴ状の木橋の場合も、接地部分のガタがないことを確認し、一人づつ順番に渡るようにする。木の表面が湿っているときや、落ち葉のある場合は滑りやすいので注意

歩行技術 [ハシゴ段の登り]

足場の悪い急坂に置かれた木製のハシゴ段は、なるべく手を使わずに登る。ハシゴの傾斜が急であれば安全のために手を添えて登るが、傾斜の緩やかな場合は身体のバランスを取って登る方が体力の消耗が少ない。

手を添えると姿勢の変動が大きくなる

直立してバランスをとると姿勢変動は少ない

地図と地形 [現在地の確認]

登山道が大きく曲がる場所や、地形に特徴のある場所で、地図と地形を見比べることで読図のおもしろさも理解できる。

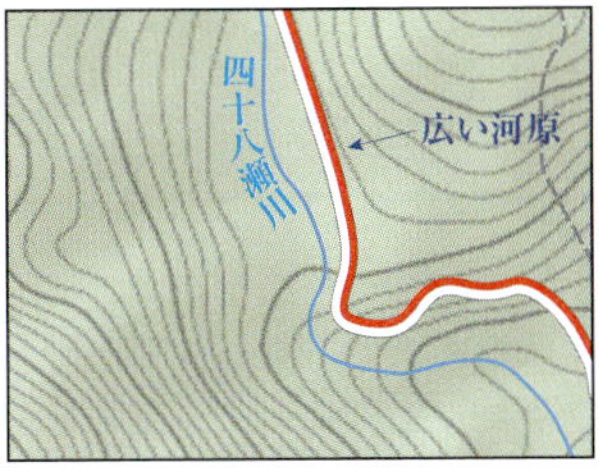

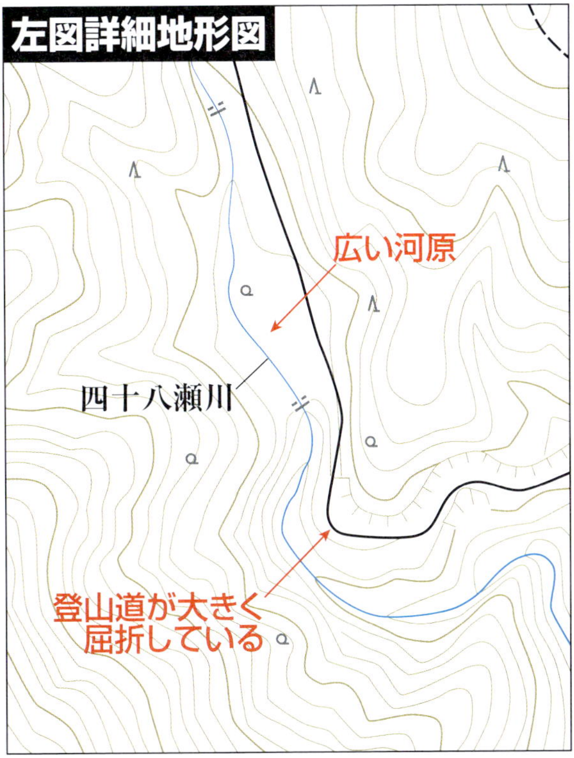

二俣の川原

コースガイド

<③後沢乗越～④鍋割山山頂>

山頂へ至る最後の急登

③後沢乗越《うしろさわのっこし》は、鍋割山から南に延びる尾根が栗ノ木洞（908m）との間に造る鞍部だ。栗ノ木洞や櫟山《くぬぎやま》に通じる尾根通しの登山道とT字路をなすポイント。ようやく尾根上に登りついたことで、ここで休憩を採る登山者も多いが、鞍部の西側の崩壊が進んだ狭いヤセ尾根は、多人数が休むには適さない。

後沢乗越から鍋割山山頂までは、尾根筋に沿って高度を上げていく急登の連続となる。樹林帯の尾根を辿る道は明瞭で迷うことはない。ところどころ涸れ沢の上部で、崩壊が登山道のすぐ下まで進んでいる場所があり、危険箇所には立ち入らないようにロープが張ってある。

清兵衛ノ沢上部の地獄崩を左手に見下ろして高度を上げていくと、林相も赤松の林からブナの点在する林へと代わっていく。疎林の間からは、寄沢を隔てて対岸に位置する檜岳山稜も望めるようになる。

山頂付近から望む大倉尾根

なおも急登で高度を稼いでいくと、尾根筋の道は低木帯に入り、空が開けて明るい道になる。西方には富士山も望め、展望のよい道となるが、赤土の露出した急坂は滑りやすくい。右側（東方）に長大な大倉尾根が見え、シカ除けの柵が目に付くようになると山頂も真近。尾根の左右が草原状に広がりを持った場所を登っていくと、ほどなく**④鍋割山山頂**に着く。

山の知識 [標識のいろいろ]

登山道上には誰が見てもわかる道標のほかに、様々な標識がある。標識の示している意味を正しく理解して歩きたい。

矢印は登山道の針路を示し、660mはこの場所の高度を表示。ALTIはaltimeter（高度計）の意味

木の幹にテープを巻き登山道上であることを示している

これも同じく巨木の幹に描かれた高度標示。標示と地図の等高線を見比べれば、現在地が確認できる。高度計を携行している場合には、誤差がないかを確認しておく

石柱を土中に埋め込んだ「境界標」。各営林局の管轄境を示すもの。ここでは鍋割山から栗ノ木洞に通ずる尾根が、秦野市（東側）と松田町（西側）の市町村境となっている

地図と地形 [針路の確認]

尾根に登りついて登山道が分岐または交差している所では、地図とコンパスで現在地と針路を確認する。道標が整備されている山では、その導く方向に向かえば間違えることもないが、すべての山でそれを期待することはできない。また、道標が倒れている場合もあり、そのような場所では自分で針路を判断しなくてはならない。万が一思い違いで別方向に歩いてしまうと、間違いに気付いた時には、自分がどこにいるのかもわからなくなっている。針路を分けるポイントでは必ず現在地を確保するようにしたい。

道標が整備された大倉付近の分岐点。農道や生活道が入り組んで迷いやすい登山口周辺は要注意

ヤセ尾根の上で登山道が交差する後沢乗越

鍋割山稜のブナ林を行く木道

コースガイド

＜④鍋割山山頂～＞

④鍋割山山頂はなだらかに傾斜した広い草原で、鍋割山荘や公衆トイレ、三角点などがある。展望はすばらしく、丹沢山から蛭ヶ岳に至る稜線や、富士・箱根・伊豆の山々はもちろん、南方には相模湾の海岸線や江ノ島まで望むことができる。鍋割山荘名物の鍋焼きうどんで温まるなど、昼食やコーヒータイムを山小屋で採るのもよい。

鍋割山山頂からの下山は、鍋割山稜をいったん塔ノ岳方向に進み、金冷シから大倉尾根を下降する。行程的には下山路だが、塔ノ岳直下にある金冷シの標高は鍋割山山頂よりも77m高く、尾根上でアップダウンを繰り返し、大倉尾根に至ってはじめて、本格的な下山路となる。

ブナの原生林が残る鍋割山稜を尾根伝いに進むと、小丸のピークを越えて**⑤二俣分岐**に至る。二俣分岐からの下山路は、鍋割山稜から派生した支尾根を下るルートで、入山届ポストのある②二俣まで1時間10分程度で降りられる。

二俣分岐を超えて塔ノ岳方面に道を辿ると、大丸のピークをかすめて**⑥金冷シ**に至り、塔ノ岳山頂下の大倉尾根に登り着く。後は通称「バカ尾根」と言われる大倉尾根をひたすら下る。浮石に注意しながら歩きやすい場所を探し、足を痛めないように降りよう。途中には花立山荘、堀山の家など山小屋が点在している。見晴し茶屋を過ぎれば長い下りも終わり、**①大倉バス停**に帰り着く。

秦野市街を俯瞰しながら下る大倉尾根

歩行技術 [丸太段の登り]

丸太が階段状に置かれている急坂では、足を上げる一歩の動きを小さくすることがコツ。急な登りでは、丸太に対して足を斜めに置き、身体もやや斜めにして上がるとよい。

一歩の動きが大きくなる動作は避ける

低い段差を探して足を上げる

歩行技術 [岩場の登り]

ロープやクサリが置かれた岩場では、ロープやクサリに頼り過ぎるのは危険。しっかりした足場と手がかりを捜しながら、「三点確保」を基本に登る。

ロープに軽く手を添えてバランスをとる

山の知識 [トイレの利用]

登山者の多い山はどこでも、環境保全の観点からトイレの問題に頭を悩ましている。鍋割山山頂には、環境庁と神奈川県が鍋割山山頂に設置した最新の公衆トイレがある。自然循環システムを利用し、土壌の中の細菌によって汚物を分解する仕組みになっている。

チップを集金箱に入れて利用する公衆トイレ

典型的な山小屋のトイレで、宿泊客以外はチップを払って利用する

山の知識 [崩落危険箇所]

沢が多くもろい地質の丹沢では、崩落による危険箇所が多い。無闇に近寄ると崩落を助長することになり、また非常に危険でもある。

ロープ設置場所の下まで崩落が進んでいる場合もある

山の知識 [ヤセ尾根の通過]

ヤセ尾根の左右がスッパリと切れ落ちているような場所は、沢の源頭部で小さな鞍部を形成していることが多い。このような場所は、悪天時には風の通り道となるため、他の場所と比べて風雨が強くなる場合がある。

悪天時の通過に注意したいヤセ尾根の鞍部

地図と地形 [山座同定]

見晴らしのよい尾根では、地図とコンパスを使って遠方の山を見定める「山座同定」にチャレンジしてみよう。1/25000地形図では地図上のカバー地域が狭いので、この場合は登山地図の裏面などにある広域地図を見ながら行うとよい。地図と地形を見比べ、遊び感覚で地形図やコンパスに親しむことができる。

山座同定に適した大倉尾根

シミュレーションコース
Step2-2

「伊吹山《いぶきやま》」を歩く

高低差約1200mを往復して体力を試す

シミュレーションコースStep2-2に関西の山として選んだのが「伊吹山」。深田久弥の日本百名山の一座でもある名峰は、スキー場のゴンドラを利用すれば、初心者でも登れる山だが、今回設定したコースは標高200mの登山口から標高差約1200mを登下降するハードなもの。体力を試すとともに、地図読図の能力にも磨きをかける。

8合目から山頂を見上げる

1377m
滋賀県

難易度	中級者向け ［体力］★★★ ［技術］★★
歩行時間	5時間30分
歩行距離	8.7km
高低差	1177m

高低表

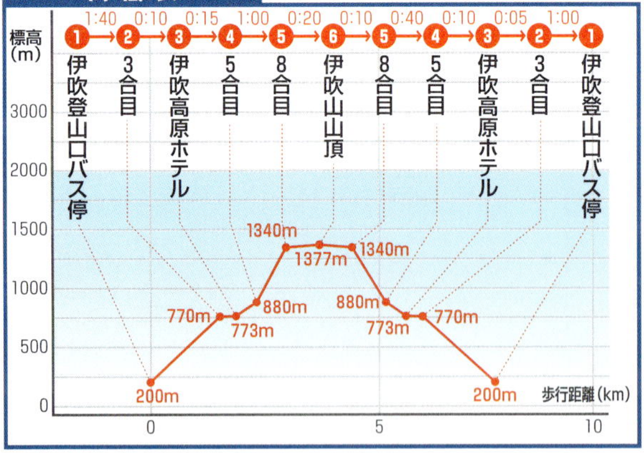

山のプロフィール

滋賀県の最高峰で、「日本書紀」にある日本武尊伝説など、古くから知られている山。高山植物や薬草が豊富な山としても有名で、石灰岩の山肌に1200種もの植物が自生している。冬季は豪雪の山。

アクセス情報

電車で行く

大阪駅 →（1:30 JR京都線・琵琶湖線新快速）→ 長浜駅 →（0:35 湖国バス）→ 伊吹登山口バス停 → 伊吹山 → 伊吹登山口バス停（往路を戻る）

車で行く

吹田IC →（109.7km 名神高速道路）→ 米原JCT →（2km 北陸自動車道）→ 米原IC →（13km 国道21号、県道19号など）→ 観光案内所 → 伊吹山

山の知識 [登山計画のポイント]

冬は12月から4月中旬まで積雪がある。5～8月の高山植物の開花期に合わせて計画するのがよい。スキー場のゴンドラやリフトを利用して時間と高低差を短縮すれば、初心者でも山頂往復に無理はない。また、山頂北側直下まで延びている伊吹山ドライブウェイ終点の山頂駐車場から、バス、タクシーを利用して下山することも可能だ。マイカー利用の場合は登山口周辺に有料駐車場がある。

3合目手前の草原に付いた登山道

3合目から上部では樹林帯のない草原となるので、悪天・強風時にはさえぎるものがない。春や秋には防寒、防湿、夏には紫外線対策を万全にして望みたい。また、広い草原状の山腹は、濃霧で方向を失う危険性もあるので注意。

コースガイド

＜①伊吹山登山口バス停～③伊吹高原ホテル＞

田んぼの中にある**①伊吹山登山口バス停**で、近江長岡駅からのバスを降りれば、伊吹山の堂々たる山容が間近に望める。北方の伊吹山方向に歩き、坂浅東部広域農道を上野交差点で渡って直進する。わずかに登り坂の舗装道路は、旅館や民家の町並みを進み、突き当たりを左折すると三宮神社の鳥居前に出る。神社の石段を登り、右手に進むと三叉路に面して伊吹山観光案内所の民家風の建物が立ち、入口前には入山届ポストがある。

スキー場のリフトに沿って草原の斜面を登る

観光案内所の前から左に曲がるとすぐに、右手山腹を登っていく急な階段から登山道が始まっている。階段を登り詰めると、左から登ってきた道と合流し、鬱蒼とした樹林の中を急登する。屈折を繰り返して足場の悪い急坂を登っていくと、やがて右手に山麓リフトの終点が見え、左手から上って来る車道に飛び出すと、樹林帯を抜け出して一気に視界が開ける。

パラグライダー教室や民宿などが点在する広々とした場所は、伊吹山スキー場の最下部で、登山道は草原の左手西側からリフトに沿うようにして登って行く。

登り始めの樹林帯

冬季以外は閉鎖されるレストランの辺りまで登り、振り返れば下方に伊吹の町並みや田んぼの中のセメント工場、右手には琵琶湖も俯瞰できる。白山神社の屋根が右手に見えた後、道は十字路に出て、2合目の標識がある。そのまま直進してスキー場東端の樹林帯に入る。ほどなく樹林帯から出て、なおも草原を登っていくと**②3合目**の標識を通過して**③伊吹高原ホテル**に登り着く。

3合目付近で見つけたヒロハアマナ

三宮神社に隣接する伊吹山観光案内所前の三叉路

地図と地形 [歩き始めで迷わないために]

登山口最寄の駅やバス停から目指す登山道に入るまで、集落や町中の一般道を歩くことも多い。意外に迷いやすいのが歩き始めのこの時点で、初めて訪れる登山口では、歩き始める前に地図を手に十分に確認してから出発したい。歩き始めは誰でも気持ちがはやるもので、最初から道に迷ったり時間をロスすると、一日の体調やリズムにも影響するものだ。

伊吹町の町並み

登山道入口の階段

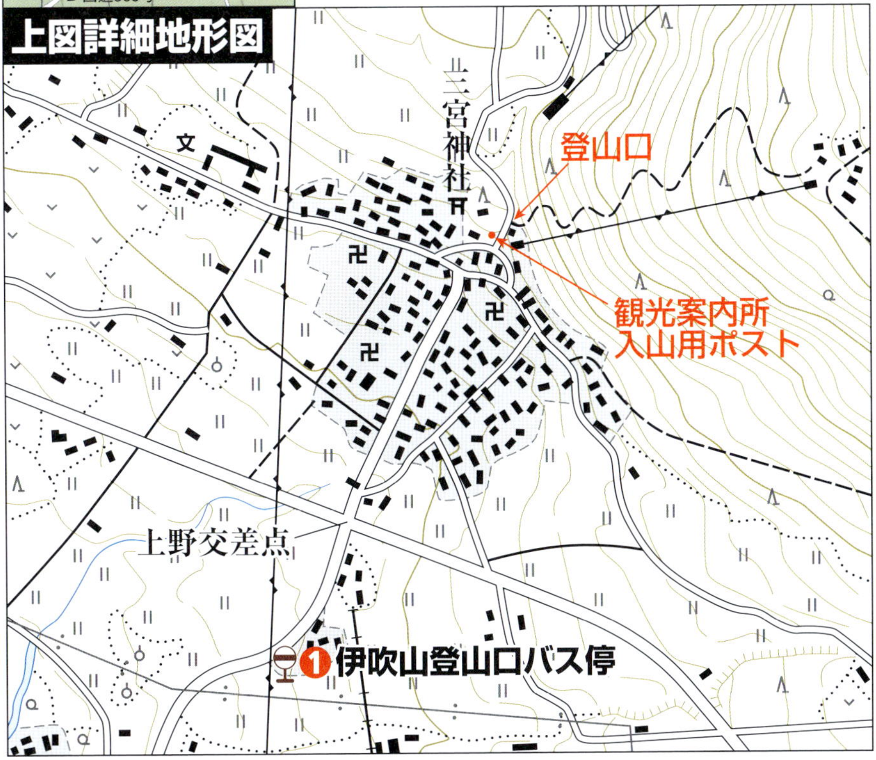

8合目付近から琵琶湖方面を望む

コースガイド

<③伊吹高原ホテル～⑤8合目>

③伊吹高原ホテルまで登って来ると、スキー場の斜面を隔てて伊吹山の全体像が美しく望める。ホテルの前は広々とした草原で、ゴンドラリフト終点の駅舎もある。

ロープの張られた散策路を左右にリフトを見て登ると、道は徐々に左（西側）リフトに接近し、リフトの終点手前で十字路に至る。十字路から右に登る道を行ってもよいが、正しいルートは直進してリフト終点の灌木帯から右に登る。登り口には4合目と記された道標が立っているが、十字路からは見えにくく、戸惑う場所である。道標から右に曲がると、本格的な登山道が始まる。歩きにくい急坂を登るとトイレと売店（冬季のみ営業）の立つ**④5合目**の広場に出る。

ベンチのある広場は休憩にはもってこいの場所で、遮るものなく眼前に伊吹山の全体を眺めることができる。

5合目からは広い草原の斜面を緩く横切って後、頻繁にジグザグを繰り返して山腹を登っていく。斜面の途中には廃屋となった測候所の建物があり、目印になる。石灰岩の露出した登山道を、ところどころの急な段差を超えて登っていくと、やがて道標の立つ**⑤8合目**に至る。7合目が眼下に見え、伊吹山スキー場や琵琶湖方向の展望がすばらしい。

ミヤマキンバイ（6合目付近）

山の知識 [標識]

登山道上の置かれた石に、赤ペンキで矢印や丸印が描かれているものも、標識の一種である。濃霧の際などは一個の標識で針路がわかる場合もある。踏んだり腰掛けたりしないで大切にしたい。

ペンキ印の上を踏まない

山の知識 [合目標示]

おもに信仰登山の対象となった山では、石柱などで1～10合目までのポイントが標示されている。1合目を登山口とし、10合目を山頂として山の標高を10等分したもの。

3合目の標識。標高720mと記されている

地図と地形 [地図と現状の相違]

地図や地形図で現在地を確認する際、地図上の表記と目の前の状況が異なっている場合もある。これは、地図や地形図が制作された後に新しい道や建物が作られる場合もあり、また、地図上の表記に誤りがあることもある。常に地図の表記が正しいとは限らないことを覚えておこう。

リフトの横手に4合目表示があり本格的な登山道に入る

急登の続く8合目付近

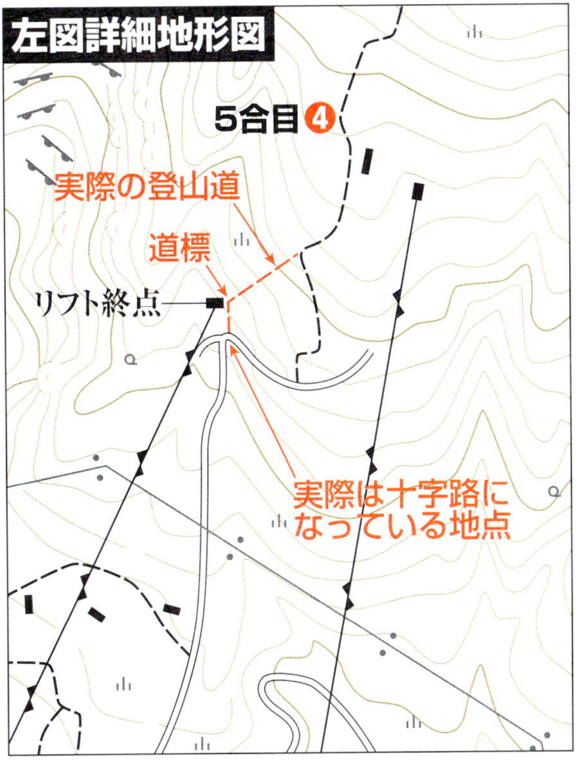

地形図上はT字路だが、実際には十時路となっている

伊吹山山頂。遥か北東に白山が浮かぶ

コースガイド

<⑤8合目〜⑥伊吹山山頂>

⑤8合目からの登りはさらに勾配が急になるものの、大きなギャップはなくなり、多少歩きやすくなる。高山植物がいっせいに咲き誇る夏季には、一面のお花畑になる斜面の中を、目の前に見えてきた山頂部目指して高度を上げていく。

8合目から9合目は驚くほどに近いが、距離のない分、傾斜は急である。山頂直下の9合目付近は、登山道が周囲の山腹から窪んだ地形に付いており、4月中旬頃まで残雪が見られる場所。8合目より上部では強い風が吹くこともあり、高度の影響で気温も低く感じられる辺りだ。9合目を過ぎるといくぶん傾斜も緩やかになり、山頂に露出した岩場も間近に見えてくる。

登りついた**⑥伊吹山山頂**には、休憩所をかねた売店や、ロッジ風の大きな公衆トイレがある。ゴールデンウィークや夏休み中などは、山頂直下北側の伊吹山ドライブウェイから登ってくる観光客で賑わう。売店の裏手には日本武尊の像が立ち、東側には測候所の建物もある。広々とした山頂部には遊歩道が整備されていて、1時間ほどで1周することができる。展望はどちらを向いてもすばらしく、その高度感とアルペン的景観は、とても1400m足らずの中級山岳とは思えないほどである。眼下の琵琶湖に浮かぶ竹生島や、白山や御岳の遠望、鈴鹿山系の連なりなど、絶景というにふさわしい展望だ。

山頂の岩場から琵琶湖を見下ろす

歩行技術 [ギャップのある岩場]

大きな岩やゴロゴロとした石が露出したギャップを登るときは、力にまかせて一気に登るのは禁物。力を入れた途端に脚や腰の筋を痛める危険性がある。また、大きな動作を取ることで体力・筋力の消耗も激しくなる。山歩きでは、瞬発力を要する動作を極力避けるのが原則だ。

足を大きく上げない

小またに歩く

歩行技術 [残雪の上を歩く]

残雪の上を歩くことも、基本的には通常の歩行と同じで、歩幅を小さく取り、身体のバランスを取りながら大きな動作を避けて歩を進める。特に足裏全体で接地することを普段以上に意識すると滑りにくい。バランスの補助としてステッキがあると有効に機能する場面だ。

9合目付近の登山道に残った雪を踏みしめて登る

歩行技術 [残雪斜面の登下降]

踏み跡のない残雪上の歩きは、キックステップを基本に登下降するようにする。標高が2000m以下の山でも、東北や日本海側に近いところでは、初夏まで残雪が消えない場所もある。一般の登山道であれば残雪があったとしても、そのほとんどが踏み跡で固められていて、滑ることもなく歩けるが、残雪斜面の歩行の基本としてキックステップを覚えておきたい。

(登り)

登山靴のつま先で雪の斜面を蹴り込む。一度の蹴り込みで安全な足場ができなければ、2度3度行い、安定して立てる足場を確保する。蹴り込むとき、反対の脚のヒザを少し曲げるようにして身体のバランスをとるのがコツ

(下り)

下りの場合は、登りと逆に靴のかかとを使って、上から下に向かい雪面にめり込ませるようにする。大きな動作で行わなくても、かかとをこすりつけるようにしてもよい。ストックで軽く支点が採れればバランスもとりやすい

8合目付近の下降路

コースガイド

<⑥伊吹山山頂～①伊吹山登山口バス停>

⑥伊吹山山頂の展望を楽しみ、充分な休憩を採った後、往路と同じコースで下降する。目だった危険箇所はないものの、非常に長い下りだ。歩行技術の基本を忠実に実践し、足やヒザを痛めないように下ろう。

山頂から9合目付近までは、比較的歩きやすい下り坂だが、**⑤8合目**から6合目にかけては浮石や、大きなギャップの下りに注意したい。

途中の3合目の伊吹山高原ホテルに隣接した駅舎から、ゴンドラを利用すると約5分で山麓に降りられる。3合目まで降りた時点で故障や不調があれば、無理をせずに利用する。時間的にも40分程度短縮できる。ゴンドラを使わずに、そのまま下ると、スキー場を下った最後の樹林帯あたりが最も疲れが出やすい場所である。薄暗く足場も悪いところもあるので、特に注意して歩きたい。往路を逆行して三宮神社から町並みを抜けて**①伊吹山登山口**バス停に帰り着く。

山頂測候所前から見た風景

地図と地形 [広い山頂からの下降]

登山口から山頂ピストンのコースで歩くのであれば、山頂からの下降路を間違えることもないが、地図を読みながら正しいルートを確認する習慣は付けておきたい。山頂からの下降路で特に気をつけたいのは、樹林帯に覆われて方向のわかりにくい山頂からの下降。また、広い山頂では悪天時や濃霧発生時には、下降路ばかりか現在地すら正確にわからなくなってしまうこともある。

山頂からの下降路と遊歩道の分岐

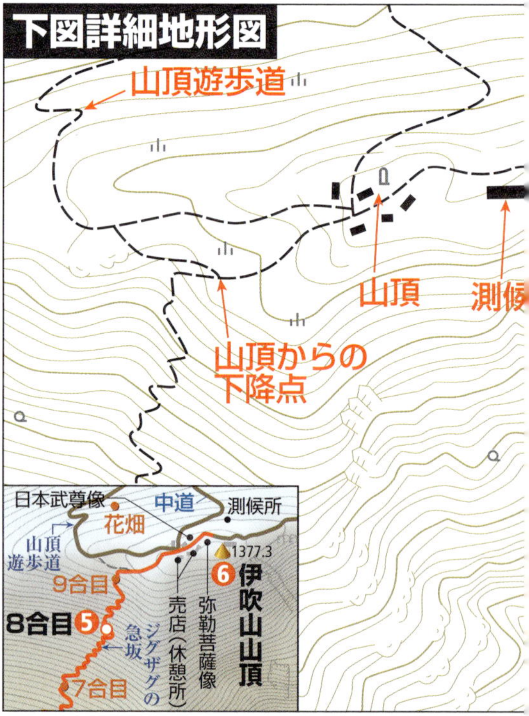

歩行技術

[下りはじめ]

長い休憩の後に下り始める場合は、体調をチェックしながら歩き始める。自覚のないまま身体全体が冷えていることがあり、いざという時に瞬間的な動作ができず、転倒してしまったりするケースもある。

下り始めでは、身体が温まってから徐々にスピードを上げていく

歩行技術

[負担の少ない針路を探す]

下り坂で足やヒザをいためないためには、できるだけ一歩あたりの落差が少なくてすむ場所を見つけて歩く。

左右をよく見て落差の少ないコースを探す

ジグザグに下るようにする

歩行技術

[広い道幅をうまく使う]

急な下り坂は、道幅の中で左右にジグザグを切って、スキーのスラロームの要領で下る。この場合は、身体全体のバランスを腹筋で取るように歩くのがコツ。

斜面を利用してリズミカルに下る

歩行技術

[ストックの使い方]

下りの長いコースでは、バランス補助としてストックを上手に使いたい。ストックに頼りすぎることなく、両足の動きと連動させて3点の支点がAの字形、Vの字形になるように使う。

下りではストックを若干長めに調整する

山の知識

[植物保護]

立入禁止の表示

貴重な高山植物を守るための措置。たとえ花が咲いてなくても立ち入らないようにする。また、これ以外にもロープを張って囲っている場所にも立ち入らないようにする。

山の知識

[パッキング]

休憩で使うものを上に

ザックの一番上には、飲料水やレインウェアの上着など、頻繁に取り出すものを収納し、速やかに出し入れできるようにしておく。

シミュレーションコース

Step-UP 奥秩父「両神山《りょうかみさん》」を歩く

難易度の高いクサリ場通過に習熟する

シミュレーションコースStep-UP編には、奥秩父の秀峰「両神山」を舞台に選び、鎖場など危険箇所の通過を中心に、実際の登山コースにそって紹介。初級から中級段階へのステップ・アップ編として登下降の実際を解説する。「日本百名山」の一座、憧れの山にチャレンジし、歩行技術、知識、読図の基本を実践して歩く。

高低表

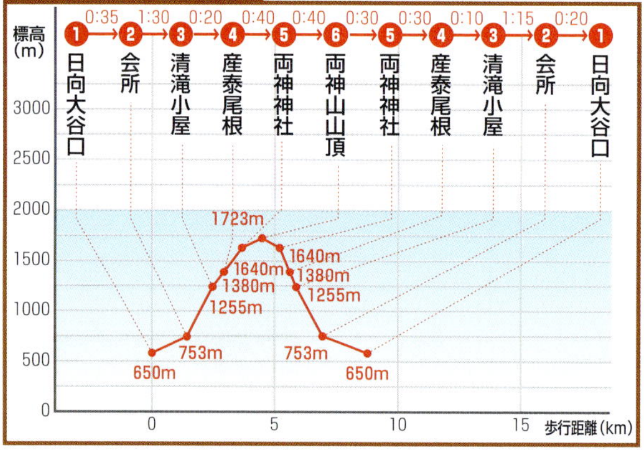

高度感のある両神山山頂からの展望

アクセス情報

電車で行く

池袋駅 →(西武線特急レッドアロー号 1:30)→ 西武秩父駅 →(小鹿野町営バス 1:20)→ 日向大谷口 → 両神山 往路を戻る

車で行く

練馬・大泉IC →(関越道 56.1km)→ 花園IC →(国道140号、県道37号 55km)→ 日向大谷 → 両神山 往路を戻る

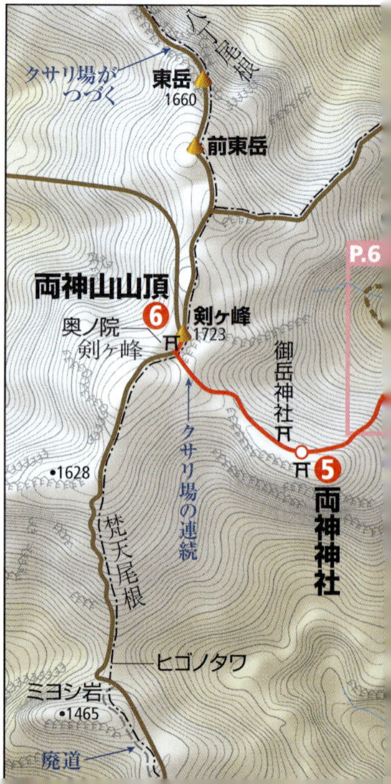

1723m
埼玉県

難易度 中級者向け
[体力] ★★★
[技術] ★★★

歩行時間 6時間30分

歩行距離 9.4km

高低差 1073m

山の知識 [登山計画のポイント]

白井差口からの登山道は現在通行禁止となっており、日向大谷口からのピストン・コースを採るのが一般的。登山適期は残雪の消える4月中旬から11月中旬。西武秩父駅からのバスは便数が少ないので注意。始発・最終の時刻を必ず出発前に確認しておく。マイカー利用の場合は、登山口付近にある3ヶ所の村営無料駐車場を利用する。コースは標高差の大きな長丁場、日帰りであれば登山口を早朝に出発し、昼前には下山にかかれるように計画したい。また、中腹の清滝小屋を利用して1泊2日の山行計画なら余裕ある山歩きができる。

山のプロフィール

埼玉県小鹿野町と秩父市に属し、信仰登山の盛んであった山。山頂部が鋸歯状の稜線を造っている。その個性的な山容は古来より知られ、日本武尊や役行者の伝説が伝えられている。春にはアカヤシオ、ニリンソウなど多種多彩な花が登山道を彩る。

四阿山山頂から見た両神山の全景

コースガイド

<①日向大谷口～②会所>

登山口の①**日向大谷口**《ひなたおおやぐち》には、小鹿野町営バスの終点バス停と町営駐車場があり、北側山腹の一段高い場所には民宿の両神山荘と両神神社里宮がある。両神神社は、日向大谷の里宮、中腹の本社、山頂の奥宮とあり、両神山荘の奥にある里宮に詣でてから出発するのもよい。バス停前から続く舗装路の急坂を登るか、道路を隔てた斜面に付けられた石段を登ると、両神山荘前の入山届ポストの前に至る。

日向大谷口からの登山道

入山届けを投函した後、山腹を横切る細い道を進み、左手眼下にバス停を見下ろし、前方の樹林帯に入っていく。樹林帯に入ると道は山腹を巻くように登り、ほどなく石の鳥居をくぐると、杉の大木

入山届ポストのある両神山荘前

の周囲に石仏や石碑が立つ場所を通過する。緩やかな登り下りを繰り返して、杉木立の山腹を進むと、樹林か開けて南方に武甲山が望める場所がある。

緩く下って「増水時荒天時は通行禁止」と標示のある沢を徒渉し、再び山腹に付いた登山道を登っていくと、大岩を登る最初の鎖場に着く。鎖場を乗り越え、なおも山腹の巻き道を進むと、大岩を背に石仏が並び、信仰登山の歴史を色濃く感じさせられる。この付近の登山道はところどころ道幅が狭まり、左側（谷側）が崩れかけている所もあり慎重に歩を進めたい辺りだ。

再び緩く登下降を繰り返した後、下り坂の途中で七滝沢コースの分岐に出あう。七滝沢コースは、七滝沢を詰めて清滝小屋上部の産泰尾根に取り付くルートで、上級者向きコースとされている。分岐を過ぎて下った所が②**会所**と呼ばれるポイントで、最初の休憩にちょうどよいベンチと道標が立っている。

歩行技術

[短いクサリ場の通過]

クサリ場がでてきたら、すぐにクサリに取り付いて登り始めるのではなく、まずクサリ場全体を観察する。そしてどこを通れば、安全かつ身体の負担が少ないかを考える。特に短い距離を登るクサリ場では、クサリをつかむよりもよい登り方がある場合も多いので、クサリに頼りきらない登り方を見極めることも大切だ。

クサリ以外のルートも捜す

地図と地形 [重要なポイントを確認する]

コース上の重要なポイントを地図上で確認しながら歩くことで、ピストンコースの下山路で行程を明確に把握することができる。

七滝沢徒渉前のポイント「会所」

山の知識 [山の標識]

道標以外の標識や標示で実際のコースを具体的に示しているコースも多い。両神山の場合も、道標はポイント間の距離を表示し、実際の徒渉ポイントや細かいコース指示はペンキ描きで示しているケースが多い。

一般的な道標。登山道の分岐点やポイントに立ち、距離や針路を示す

木の枝に結ばれたリボン。積雪期に備えて高い位置でコースを示している

迷いやすい場所にペンキ描きでコースの針路を表わしている

沢の徒渉点や徒渉ルートを標示するペンキ描きの矢印

コースガイド

<②会所～③清滝小屋>

②会所から沢沿いに少し歩いたところの木橋で七滝沢を渡り、清滝小屋を目指す「清滝コース」を進んでいく。両神山山頂から清滝小屋を経て会所まで下る産泰尾根の南側に回り込み、薄川沿いに登っていくコースだ。

七滝沢を渡ると、道は産泰尾根の下部山腹を巻くように南方に向かう。広葉樹林帯を登っていくと、清滝コースに合流する枝道が合流する道標の立つ分岐点を過ぎる。谷側が落ち込んだ狭い登山道が西に転じた後、下り坂となり、高度を下げ行くと、徐々に沢音が大きくなってくる。下り終えて、ペンキの徒渉点に教えられて渡るのが薄川である。

美しい広葉樹林の中で薄川の徒渉を2度繰り返し、徐々に高度を上げて行く。「落石注意」とペンキ描きされたガレを通過して登ると、4度目の徒渉点で薄川から離れて樹林帯の山腹を登って行く。ジグザグに少し登ると、「八海山」の標示のある道標があり、岩壁を背にした石仏が立っている。

段差を造って流れ落ちる薄川の流れ

八海山の山腹を登っていくと、足場の悪い沢沿いの道から歩きやすい道に代わり、広葉樹林帯の気持ちのよい登りになる。しばらく登ると道の傾斜が緩み、白藤ノ滝の分岐に至る。滝へは左側の山腹を下って行き、往復15分ほどだ。弘法大師の石像のある「弘法ノ井戸」を通過して、木の根が露出した急坂を登っていくと、上方に**③清滝小屋**が見えてくる。

八海山の石仏

ログハウス風の外観が特徴的な清滝小屋は、産泰尾根の岩壁や三笠山山腹に囲まれた静かな樹林帯の中にある通年営業の山小屋。小屋の周辺ではアカヤシオやシャクナゲが見られる。

清滝小屋

歩行技術

[露出した木の根]

登山道で木の根が露出している場所は、なるべく根を踏まないようにし、ルートを捜しながら歩を進める。木の根が湿っているときには滑りやすい。また樹木にダメージを与えないようにしたい。

木の根を踏まないように歩く

地図と地形 [徒渉点を確認する]

沢沿いに登るコースでは、地形や風景が似通っていることもあり、何回も徒渉を繰り返している内に、何度目の徒渉かわからなくなってしまうことがある。小さなものはともかく、大きな徒渉点は必ず地図上で確認し、最初と最後の徒渉点は、目印になるものを捜して覚えておくとよい。

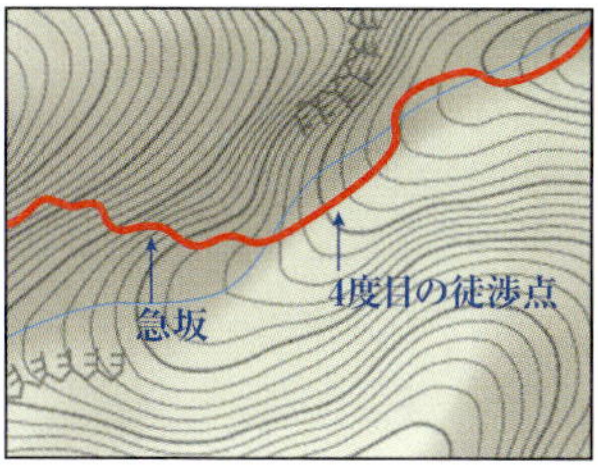

八海山に向かう最後の徒渉点

山の知識 [ガレ場の通過]

落石注意の表示のあるガレ場。山腹方向からの落石音に注意し、なるべく速やかに通過するようにする。

落石に注意して歩く

山の知識 [山の情報を聞く]

登山道の様子や草花の開花状況など、山小屋の主人やスタッフから情報を得るとよい。

清滝小屋管理人の神田武治さん

コースガイド

<③清滝小屋～④産泰尾根～⑤両神神社～⑥両神山山頂>

③清滝小屋の前にある案内板で、山頂までの行程を確認してから出発する。まず、小屋の裏手に出て、広々とした山腹をジグザグに登っていく。グングンと高度を上げ、小屋の屋根も眼下に遠くになり、樹林に隠れて見えなくなると、道標の立つ分岐点に至る。会所から七滝沢を詰めて登ってきた「七滝沢コース」がここで右手（北方）から合流する。分岐から少し登ると「鈴が坂」の標識が立つ斜面に出る。杉の大木の根が露出した樹林帯の斜面を九十九折に登っていくと、短い急登の後、**④産泰尾根**に飛び出す。

ところどころで岩肌が露出した急登を尾根伝いに登っていくと、谷側が切れ落ちて、山腹側に長い鎖を張った場所を通過して、大岩の下に足尾三柱神を祭った「横岩」に至る。道は大きく屈折して急登となって、クサリ場が連続する。

やがて尾根の台地に登り着き、鳥居をくぐると**⑤両神神社**の境内に入る。社殿の裏手からアカヤシオの木が目立つ尾根を辿ると、前方間近に両神山の山頂稜線も見えてくる。途中に旧道・新道の分岐があるが、どちらを辿っても先で同じ場所に出る。最後に高度感バツグンのクサリ場を登ると**⑥両神山山頂**に着く。

清滝小屋の裏から斜面を登る

鈴が坂

歩行技術 [長いクサリ場の登り]

クサリに頼り過ぎないようにして登るのが基本。三点確保で確実にスタンスや手掛かりを確保しながら進む。登ると言うよりも、一歩ずつ身体を上げていくという感覚で、手足を進めていく。岩の表面が濡れているときは、スタンスに体重を預ける前に、靴裏をこすり付けるようにして安全を確認する。

一歩一歩慎重に身体を上げて行く

歩行技術 [クサリの取り回し]

クサリ場の状況によっても多少違うが、クサリは岩場の上部で固定された鉄杭を支点にして垂れ下がっている。垂れ下がったままの位置で登りにくいときには、左右にクサリを移動させ、選んだルートに沿わしてから登るようにする。

クサリを登りやすい位置にする

歩行技術 [クサリ場のロープ]

クサリ場の補助として張られたロープは、支点を木の根などで取っている場合もあり、クサリほどの強度はない。体重を預けるような使い方は禁物。あくまでバランスを採るための補助として使う。

ロープはバランスの補助として使う

歩行技術 [高度感のあるクサリ場]

高度感はあるがスタンスがしっかりしているので登りやすい

両神山山頂直下のクサリ場は、垂直に近い岩場の左側がスッパリと切れ落ちている。怖さが先にたつと柔軟な動きも取れなくなる。あまり周囲を見ないようにして、岩場の状況とクサリに意識を集中し、基本を守って落ち着いて登りたい。

地図と地形 [地図上の登山道が変わっているケース]

地図上の登山道がルート変更され、新しい登山道が付けられている場合がある。新しいルートが分岐点をなしていても、地図には表現されておらず戸惑う。不明な分岐点を記憶に留め先に進むと、旧登山道との分岐が現れて状況が理解できる。

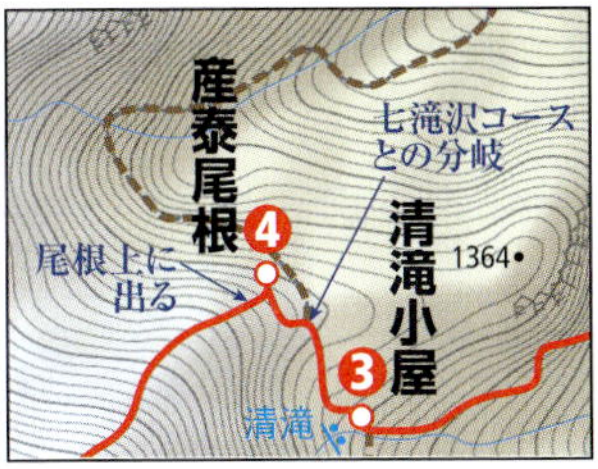

七滝沢コースとの分岐点

コースガイド

<⑥両神山山頂〜①日向大谷口>

⑥両神山山頂には山頂標示や三角点、方向盤のほか、小さな社の両神神社奥ノ院が祭られている。天候に恵まれれば展望は絶景で、雲取山や笠ヶ岳、武甲山はもちろん富士山、浅間山、八ヶ岳連峰や南北アルプスまで望見できる。山頂の高度感は爽快で、足元から緑のうねりとなって下る産泰尾根の姿や、梵天尾根など見飽きることない風景が広がっている。

山頂の展望を堪能したら、登ってきた道を忠実に戻り、登山口の**①日向大谷口**に下山する。**③清滝小屋**まではクサリ場と急坂の連続する厳しい下りとなる、気をゆるめずに慎重に歩くようにしたい。特にクサリ場は登りよりも下る方が難しい。また、ところどころで赤土の露出した、下り坂で滑りやすい場所もある。

両神山山頂からの展望

山頂直下の鎖場

長丁場の下りでは、浮石やガレ場の通過で転倒しないように気をつけながら、時間配分を考えながら、あまり休憩を取り過ぎないようにして下る。また増水時の薄川の徒渉では、ペンキ描きのポイント標示にこだわらずに、ケースバイケースで徒渉点を判断する。また集中豪雨など急な増水時には、徒渉を中止して清滝小屋に戻ることも検討したい。**②会所**まで戻れば、下山地の**①日向大谷口**もすぐ近くだ。

狭い両神山山頂

4月下旬に見ごろとなる
アカヤシオ

登山道の周囲を彩る
ニリンソウの群落

歩行技術 [ロープの下り]

岩に身体を付けすぎてしまうのは危険。自分のバランスがくずれて足が滑りやすくなる他、視界がさえぎられるために、足元が見えなくなり、次の一歩を踏み出せなくなる。

岩に近づきすぎて下が見えない状態

垂直に立てば視界も確保できる

歩行技術 [急坂の丸太階段を下る]

段差の大きい丸太階段を下るときは、足を横にして地面に降ろすようにする。足を横置きすることで、身体もはす向きになり、体重が下方移動する際に肩が山側に残る形となり、体重移動がスムーズに行える。

身体、足ともに横向きにして歩を降ろす

山の知識 [鎖場でのストックの処理]

ストックを使っていて鎖場に出会った場合は、ストックをザックのフックなどに収めて、両手が自由に使えるようにしてから鎖に取り付く。またこのときにストックに脚を引っ掛けたりしないように注意する。

両手を使う場面では、ストックを収める

山の簡単クッキング

コンロの種類と必要な基本グッズ

山歩きの装備は、なるべく少なくが基本なので、何役も使いまわしができるような食器や、軽量化されたガスコンロが基本の装備だ。山行に合わせて、基本的なクッキング道具とその他必要なグッズを紹介する。

コンロの種類

ガスコンロ

ブタンガスを燃料とするアウトドア主流のコンロ。バーナー部分のヘッドと、カートリッジタイプのボンベが分かれている。ガスボンベは、気化効率を高めた寒冷地仕様のものとオールシーズン用の2種類がある。メーカーもEPIの他、プリムス、スノーピークなど数社から同様の製品が販売されている。ヘッドとボンベに互換性がないので購入時に注意したい。

ガソリンコンロ

ホワイトガソリンが燃料。内部の圧力を高めるためのポンピングが必要。火力は強く経済的だが燃料補給がめんどう。

ここで紹介するEPIのガスコンロ（CSSA-2）は、タバコの箱2つ分くらいのプラスチックケースに収まるほどコンパクトで、五徳の部分を折り畳んで収納できる。弱火から強火まで料理の用途に応じて簡単に調節可能。自動点火装置付きで女性にも扱いやすい。お湯を沸かしたり、1～2人前程度のラーメンを作ったりするのに十分な火力がある。

使い方

❶五徳部分をセットする（ススなどの汚れが手につかないように軍手などをするとよい）。

❷カートリッジの蓋を取って、バーナーの器具栓をシッカリ持ち垂直にねじ込む。

❸器具栓つまみ（丸い白いつまみ）を＋方向へ1/2回転させてガスを出し、オレンジ色のボタンを押して点火する。

❹火を消すときは、白いつまみを－方向へ止るまで戻す。

食器類

基本の考え方は、鍋をそのまま食器として使うこと。食器をたくさん持ち歩いてもかさばるばかりで、効率的ではない。また、収納性も考慮してスタッキングできるタイプを用意しよう。食器の素材は、アルミ製、ステンレス製、チタン製などの中から状況に応じて選ぶのがよい。アルミ製は軽くて丈夫で、値段も格安。ステンレス製は少々重く、オートキャンプ向き。チタン製は超軽量で、塩分によってさびることはなく、料理の味を変えてしまうこともないので、アウトドア用品への普及が進んでいる。

コッヘル

大きさの異なる大小の鍋と蓋代わりのフライパンがセットになっているのが標準タイプ。どんな料理を何人分作るのかによって大きさや、数を決める。1〜2人程度での山歩きであれば、標準タイプで用は足りる。

重ねるとこんなにコンパクトになる

水筒

山に入ってしまえば、水の確保は容易ではない。飲み水はもちろんのこと料理用の水も用意したい。標準的なものは、2ℓ用のポリタンクをはじめ、持ち運びに便利な水筒タイプ（写真左）（500ml用など）、プラスティック特有の臭いがつきにくく、使い終わったらぺちゃんこに折り畳めるプラティパス（写真右）がある。

ヤカン

野外でお茶だけ沸かして飲みたい時の軽量ヤカン。多少かさばるが、雰囲気を盛り上げるにはうってつけのアイテムだ。

シェラカップ

背が低くて口の広いカップで一つあると便利。ステンレスやチタン製のものがあり、一人分のお茶を沸かすときなどそのまま直接火にかけられる。アルミなどに比べて熱伝導率が低いから、そのまま口につけても火傷しない。アイデア次第で、あらゆる用途に対応できるミニマムアイテム。

工夫次第で色々な用途に使える

コーヒーカップ

中身が冷めにくく、カップの外はさほど熱くならないのが基本。カップが二重構造で中が真空なほど保温性が高い。重さや形などさまざまなものがある。

ティータイム

紅茶編：用具と美味しいいれ方

野外でひと休みするのに嗜好品は欠かせない。道具は最小限にしてあまりこだわらず、型にはまらないティータイムを楽しもう。ここでは、お湯をわかして、簡単に飲める粉末タイプからティーバックを使ったいれ方、こだわりの茶葉を容器に小分けして持参する本格的ないれ方などを紹介する。

粉末タイプもある

お茶の道具もいろいろ

緑の中でお茶を楽しみたい

こだわり

紅茶は、軟水の水でいれるほうが口当たりもまろやか。硬水に含まれる酸化カルシウムは、美味しさの元のタンニンが溶けるのを妨げるので紅茶本来の香りや独特の色が出ないためだ。

三角ティーパックを使ったいれ方

❶沸かしたお湯を、カップに適量そそぐ。

❷三角ティーパックを広げて、そっとカップに沿わせるようにいれる。ここで十分茶葉がジャンピングできるようにするのがポイント。カップにふたをして3分程度蒸らす。

❸そっと、ティーパックを取り出す。

ポイント

標高が高いところでは沸点が低いので、お湯の温度もなかなか100℃にはならない。家で飲むようなやり方では、なかなか美味しくいれるのはむずかしいかもしれない。しかし、好みの濃さになるまで少し煮出してしまう方法もあるので、試してみるとよい。

茶葉で本格的に飲むいれ方

コッヘルに直接茶葉をいれてしまう方法もあるが、茶葉の処理が面倒なので、マグカップなどにあわせた一人用のティーストレイナーを使っていれる。スプーンのトングのような用具（ティーストレイナー）にお気に入りの茶葉をつめて、カップに直接お湯を注いでじっくり蒸らすのがよい。

美味しい紅茶番外編

体を温める作用のある生姜と紅茶の組み合わせや、ミルクを温めて紅茶を煮出したりする飲み方は、体の疲れをとるにはうってつけ。生姜は、チューブ入りタイプのものでもいいし、小さなタッパウエアにおろし生姜を用意しておき、いれたての紅茶にいれて飲めば体がポカポカとしてくる。

コーヒー編：簡単なインスタントタイプからワンランクアップの飲み方まで

普段、コーヒーを飲まないと一日が始まらないという人にとって、山でのコーヒーはまた格別の美味しさだろう。コーヒーを飲まない人でも山歩きの後、一杯のコーヒーが疲れを癒してくれるはずだ。

ドリップパックは手軽に本格的な味が楽しめる

お湯を入れるだけでできるインスタントコーヒー

コーヒーの飲み方いろいろ

いわゆるインスタントコーヒーは、ビンで持ち歩かず、一杯分だけパッケージされているものがよい。紙製のカップとセットで売られているものの、中身だけをもっていくようにする。

カップのふちに引っ掛けて使うドリップコーヒの使い捨てタイプは、好みの豆の種類に合わせて、持って行きたい。通常自宅で飲むやり方と変わらない。

コーヒーバネットを使ったいれ方

❶円錐状になったバネットに、ペーパーフィルターを軽く押し込む。

❷挽いてきた豆を適量いれて、沸かしたお湯を少し注いだら、少しの間蒸らす。

❸ゆっくりとお湯を注ぐ。

❹バネットがぐらぐらしてしまうとせっかくいれたコーヒーが台無しになってしまうので、安定した場所を確保しよう。カップの口はバネットの台座より小さいものを。シェラカップのような口の大きなものだと、安定感が悪い。

アウトドアショップで見かけるコーヒーバネット。普段は平たく収納ができて、使うときに、バネを広げると円錐状になる。これをカップの上に乗せて使う。この場合、ペーパーフィルターが必要になる。

美味しいコーヒー番外編

なんといってもコーヒーは新鮮さが一番。一般的に深煎りの豆より浅煎り豆のコーヒーの方がカフェインの量が多いといわれている。眠気ざましには、後者を上手に利用してみては。

本格的にエスプレッソを楽しむパーコレーター

❶パーコレーターの下のフラスコ部分に適量の水をそそぐ。

❷バスケットの部分に細挽きのコーヒー豆をいれて、軽くならしておさえる。

❸フラスコ部分にバスケットをセットして、上部のポットの部分をしっかりとしめる。

❹強火で沸騰させる、ポコポコと音がしてきたら、ノズルからコーヒーが落ちてくる。

ラーメン編

山歩きの味方・インスタントラーメン

インスタント麺は、手っ取り早く調理ができしかも身体が温まるので、山歩きクッキングの代表選手のような存在だ。インスタントラーメンは味も種類も豊富、自分の好みの味をみつけて山の定番メニューにしたい。

まずは、ラーメンの基本

袋麺の定番は、日清チキンラーメンが筆頭株だろう。火にかけなくても崩れてしまってもそのままポリポリと食べても美味しい。大概は、四角い型のフライ麺が多い中、丸型のコッヘルにジャストサイズな丸型のフライ麺は、他のメーカーにはあまりない。また、マグカップサイズのインスタント麺もあり、本来は夜食向きの容量だが、マグカップに直接お湯を注いでポンと麺をいれて数分待てば出来上がりというのはかなり魅力的だ。いわゆるミニラーメンの類なので、おやつ感覚で食べられる。他のメーカーの麺は、四角い形が主流なので、コッヘルに収めて持ち歩くには不具合で、少々かさばってしまう。

カップ麺は、きっちりと発泡スチロールのカップに収まった丸型ではあるが、この形のままでは荷物のかさが増えるばかりだし、食べ終えたら容器のゴミは持って帰らなくてはならないのもわずらわしい。そのようなわずらわしさを解消するには、中身の全部を他の袋や口がしまるタッパ(コッヘルに収まるようなサイズのもの)に移して、持っていったほうが効率的だ。多少麺がつぶれてしまったり、切れてしまっても味そのものに影響があるわけではない。また、ラーメン以外のうどんや蕎麦の類のカップ麺も、同じ要領で持ち歩けば、問題なく調理ができる。

美味しくたべるためのコツ

★麺がしっかり戻るように熱伝導のよい材質のコッヘルで作るようにすること。麺は、細いタイプの方が早く煮えるし、味がよくしみわたる。

★袋麺をひと工夫で美味しく仕上げるには、水の量をきっちり測ることが大切だ。麺をお湯にくぐらせてから2分間は、無理やりほぐしたりしないこと。また、うっかり煮込みすぎると美味しくなくなってしまうので、火加減を見ながらさっと食べよう。レトルトのシナチクや、下拵えをしてきた茹でたまごや、乾燥野菜のねぎなどを加えれば、栄養的にもグッとアップして、一気にリッチな気分の本格ラーメンになる。

カップ麺の中身を携帯しやすい袋に移すと、持ち歩きにもいい

袋に移してきたカップ麺をコッヘルに入れ、お湯を注げば出来上がり

ひと工夫で楽しむ山のラーメン

自宅で試してみて、おいしく食べられるラーメンを是非、山でも作ってみよう。ラーメンの楽しみ方が膨らんで、色々なスタイルで一味違ったランチタイムが過ごせるはず。

アイデアつけ麺ラーメン

❶コッヘルにお湯を沸かして棒状のラーメンの麺をゆでる。
❷ざる代わりに台所の三角コーナーで使うような水きり袋で麺の水気を切る。ラーメンをゆでたお湯は、付け合せのねぎやわかめなどのフリーズドライ食品を戻す時に有効利用する。
❸ラーメンについている粉末スープを作っておき、若干の酢を加えてつけ汁をつくる。

❹❷で作ったつけあわせをスープにいれて、麺をつけながら食べる。

暑さをふきとばすタンタン麺

材料は、乾麺と下拵えをしておいた調味料と混ぜるだけの超簡単メニュー
❶あらかじめ長ねぎを細かくきざんだものとラー油、すりゴマを混ぜて用意しておく。
甘辛く味付けされた牛肉などの缶詰を1つほぐしておく。
❷インスタントラーメンを少々固めにゆでて汁をきり、事前に作っておいた調味料とほぐした牛肉をよく混ぜ合わせる。

❸弁当用のしょうゆ入れのようなものに酢を用意しておけば、より本格的な味わいになる。

スープに変化をつけよう

インスタント麺のスープの素は、しょうゆ・みそ・とんこつなど色々あるが、少しだけ手を加えることでぐんと味わい深くなる。
★しょうゆベースの素には、乾物のかつおぶしや昆布を少量加えるとよい。
★味噌ベースの素には、牛乳を入れるとコクが出る。牛乳を持ち歩けない場合は、常温でも可能なコーヒー用のミルクでも代用できる。
★乾燥野菜をお湯で戻して、スープと一緒に煮て、小分けして持った片栗粉でとろみをつけて、ラーメンにかける。片栗粉は、体をあたためる作用がある。

炊き込みラーメンご飯

ラーメンの味は塩気が強い。気に入った味のスープの素を美味く使ってラーメン味の炊き込みご飯を作ってみる。麺に飽きてしまったら試してみよう。
❶最初にアルファ米に、カップ麺（特に生麺タイプ）についているスープの素を加えて、お米になじませる。
❷❶に沸騰したお湯を注ぎ、よくかき混ぜて袋を閉めて、20〜30分放置しておく。（お水の場合は、60分程度そのままに）
❸紅生姜などを持っていって付け合せにする。乾燥ねぎとわかめでスープも作ればよりゴージャスに完成。

簡単レトルト食品

レトルト食品は、一食ずつ食べきりサイズでパッケージされているのが魅力。山歩きの行程にあわせて用意しやすい。今は、アウトドアの専門店にあるものだけでなく、スーパーなどでも種類豊富に購入でき、味もバラエティーも豊富で本格的なものがたくさん出回っている。沸騰したお湯さえあれば、いつでもどこでも短時間で食べられる。山で水は貴重品、お湯がムダにならないタイプの食品を選びたい。一食分の容量は、だいたい200グラム前後が多い。反対に、ドライフードの場合は、かさばらず必要な分だけパッケージを詰め替えることも可能で、同じくらいの量を摂取したいとき、その容量は、レトルトの半分くらいになる。

アウトドアの定番 カレーライスに挑戦！

レトルトカレーを温めて出来上がりというのでは、ちょっと物足りない…。もう少し料理するプロセスを楽しめる、とっても簡単なドライフードを使ったカレー。意外にこれが美味しい！カレーがぐつぐつと煮えていく湯気を囲めば、盛り上がること間違いなし。

今回使用した乾燥野菜が入ったレトルトカレーは、軽くて持ち運びにも便利

❶まずは、お湯を沸かし、お米（アルファ米）の用意をする。袋を開けて、注水線まで沸騰させたお湯を注ぎ込み、すばやく閉じて、20～30分程度そのまま放置しておく。

❷ドライフードのカレーの材料をコッヘルに移し、お水をそそぐ。（今回使用しているものは、乾燥野菜のジャガイモ・ニンジン・タマネギ・鷹のつめ）

❸沸騰してきたら、一旦火を消して水分が飛ばないようにふたをして、乾燥野菜がしんなり戻るまで放置する。

❹野菜が戻ったら、カレーフレークを入れてとろ火でかき混ぜながら加熱をする（コッヘルが焦げやすいので注意しよう）。カレーフレークが完全に溶けたら出来上がり。

完成するまでの所要時間は、約40分程度。ご飯とカレー作りを同時に進行できて、コンロも一つあれば十分。もっと味付けにこだわりたいとなれば、スパイス類（クミンやカルダモンなど）を小分けして持っていくのもいいかも。

軽食&パスタ編

低山ハイクのような日帰りの山歩きであれば、レトルト食品と組み合わせて、チーズやフランスパンを持って、ちょっとしたカフェ気分を山の中で満喫するのもよい。スーパーに行けば、温めるだけの具がたくさんはいったレトルトタイプのスープが種類も豊富にある。ちょうど、小さめのコッヘルに一杯分ぐらいの手ごろなものがあるので、野菜をとりたいときなどメニューに加えるとよいだろう。袋ごと沸騰したお湯の中に入れてつくるレトルトタイプは、カレーやシチューに限らず、味もひけをとらない。

本格パスタを作る

パスタは、麺の茹で加減と、ソースでおいしさが決まってしまうもの。でも、細かいことは気にせずにイタリアンを楽しめる手軽なシリーズがある。麺とソースが一人分パッケージされたもので、袋も平らで、容量も100g足らず。麺の長さがコッヘルに入る長さであることがのぞましいが入らなくて麺を少々折ってしまったところで味には影響ない。

❶お湯が沸いたら、麺とパッケージされているソースも一緒にコッヘルに入れて、煮る。

❷ときどき麺がくっつかないようにかき混ぜながら、茹でていく。汁の水気がなくなったら、出来上がり。

❸出来上がるまでの所要時間は約20分程度。食器も作ったまま使えて、あまり汚れない。

❹スープもコンパクトにマグカップに注ぐだけのフリーズドライ系のものがある。ぜひもう一品加えたいときに活用しよう。

ワンポイントマナー

食べ残しや汚れた食器はきちんと処理をしよう。持ち合わせのビニール袋などを用意して、食べ残しはひとつにまとめる。汚れた食器は、ウェットティッシュなどでふき取り、下山してから洗うようにする。焦げ付いてしまった鍋も同様にすること。決して山にそのまま放置したり、残したものを捨ててきたりしないようにしてほしい。

便利な食材やグッズ

携帯に便利であるということは、一に軽い、二に体積が小さい、三に保存性が高い、四に調理が簡単。五に栄養価が高い、そしてなんといっても美味しいことだ。この条件を満す食材をみつけて山歩きに出かけられるならいうことなし。そのかわりインスタント食品ばかりでは味けないという場合は、それなりの装備も必要。ここでは限りなく簡単という点にこだわって紹介する。

レトルト食品

加熱した食品を真空パックしたものでアウトドア用品店以外にも、スーパーやコンビニなどで種類豊富に揃う。1人前から2人前程度にパッケージされている食品が主だ。容量にくらべると少々重いという点が難点。

ごはん

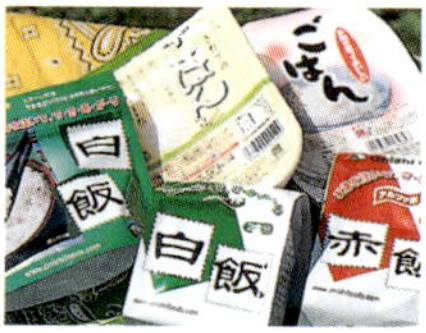

主食には欠かせないものでレトルトタイプや、アルファ米が使い勝手がよい。温め方や作り方を間違えさえしなければ、十分おいしい。レトルトタイプのご飯の場合、一食分がプラスティックの容器に収まって販売されているが、かさばるしゴミも出るので、できればちがうモノで代用したい。パッケージには、蓋部分を開けずに15分お湯に入れて温めるとあるが、持っていく前に蓋を取って中身を取り出し、耐熱タイプのストックバックなどに移し変えて持参すれば、ゴミも出ないし、かさばらない。軽量化には最適。

耳より情報

弁当用のプラスティック製のしょうゆ差しや、マヨネーズ、ジャムなどを利用すれば、料理のバラエティも広がる。

フリーズドライ（FD）食品

食品を瞬間凍結乾燥させたもの。生に比べれば多少は味は落ちるものの、長期の保存に耐えられる。また、かさが小さくなるので、一人分の容量が少なくて済むのが良い。

味付けが今ひとつ物足りない時は

インスタント食品の味付けは飽きてしまいがち。基本の味付けの塩と胡椒は常備したほうがいい。プラスティック製スクリューキャップタイプの容器なら、湿気もさけられて、持ち歩きにもよい。それに代用できるのが、フィルムケース。半透明のタイプは中身がすぐわかるので使いやすい。

その他の便利モノ

ストックバックやタッパウエアなどは、食品を小分けにして使う。
スプーンやフォーク類は、プラスティック製のものやアルミ製などいろいろあり、値ははるがチタン製の超軽量タイプが持ち運びにも便利でおすすめ。手になじんで使い勝手のよいものを選ぼう。

これで身につく山歩き100の基本

これから「山」を始める人のために

「自己責任」で楽しむ山の世界

ひと口に「山登り」と言っても様々な形態がある。郊外の里山や低山をのんびり歩き、見晴らしのよい山頂や気持ちのよい場所でお弁当を食べて下る、ピクニックに近いようなものもあれば、厳冬期の北アルプスで高度な技術や器具を駆使して氷壁をよじ登る岩壁登攀（ロッククライミング）まで、山のある地域や高さ、登るルートや季節などの違いで、様々な山登りがある。しかし、それら様々な「山登り」。あるいは、山に入るという行為で、誰もがしっかりと認識しなくてはならない心構えが「自己責任」という考え方だ。簡単に言ってしまえば、山の中では、すべて自分の責任で行動し、たとえ危険な状況に遭遇したとしても、基本的には自分（または自分たち）の力で乗り越えなくてはならない、ということである。

観光と登山は別もの

中高年の登山ブームと言われて久しい現在、人気のある山域ではしばしばツアー登山の団体を見かける。引率者がいることの安心感や、交通費や宿泊代なども個人で行くよりも割安となるなど、初心者にとってはメリットも多いが、山中での事故から訴訟問題に発展するケースも増えている。たとえツアー登山であっても、自分の経験や体力を考慮して、登山対象となる山やコースを選ぶことが重要で、観光旅行とは違うのだということをはっきりと認識する必要がある。

冒険にリスクは付きもの

具体的に言えば、まずは自己の健康管理である。普段の健康管理が充分でない、または体調が優れないままに山に向かい、山中で急な発病や体調異変に見舞われたとしても、反省すべきは自分であり、誰かに責任を押し付けることはできない。また、登山ルートや所要時間など様々な情報が盛り込まれた登山地図やガイドブックは、登山計画を立てる上で大変有益で欠かすことのできないものだが、そこに記された山中の橋が必ず存在するかどうか判らない。前日に豪雨でもあれば流失している可能性もあり、あったとしても安全に渡れるものかどうかは、自分で判断するしかないのだ。そして判断の結果の行動から事故にあったとしても、自己の判断が間違っていたとして、自分で受け止めるという覚悟が必要だ。

大げさな表現を使えば、街中を歩くことは日常生活の一部であるが、山を歩くことは一種の冒険であると言える。日常の生活から離れて、少なからず冒険的な要素のある山に入ることで、人は癒やされ、多くの楽しみや満足を得ることができる。しかし冒険に付きものなのがリスクである。登山にどのようなリスクがあるかを正しく認識し、備えや対処を人任せにしないこと、すなわち「山は自己責任の世界」が山へ向う心構えの第一歩であるといえる。

自分の経験や力量を冷静に考え、リスクに無理なく対応できる範囲で、山歩きを楽しむことが大切だ。

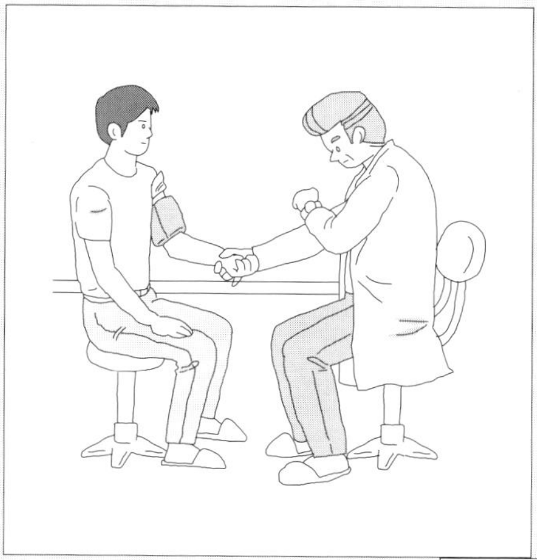

健康管理

定期的なメディカルチェック（健康診断）で身体の状態を把握する。成人病の進行や疾病がないことを確認すると同時に、普段から身体を動かすことを心がける

自分で登山をシミュレーションする

グループ登山でリーダーの指示に従う場合も、自分一人で登山するつもりで、事前に地図やガイドブックでコースの全体像を把握するように努める

自分に合った山を選ぶ

まずは街歩き10kmから

誰でも最初は初心者であり、入門者や初心者でもその体力や経験に応じた山やコースを選べば、安全に山歩きを楽しむことができる。経験を積んだ同行者がいれば、初めての山でも安心して歩くことができるだろうし、身近にそのような経験者がいない場合でも、自分の力量に合わせて、徐々に山の難易度を上げることで、着実にレベルアップすることができる。

登山経験のまったくない入門者であれば、まず最初に、日常生活では歩くことのない長い距離を歩いてみることからはじめてみてはどうだろう。とりあえずの装備も、どこの家にもひとつぐらいはあるデイバックとスニーカーで充分だ。天気のよい日を選んで、お弁当とペットボトルの飲料を持って歩いてみよう。サイクリングコースや郊外の散策路を10km程度歩いて、激しい疲労や膝・腰の故障がなければ次のステップ「低山歩き」に入っていこう。

すでに都市近郊の里山や低山のハイキングコースを歩いた経験があれば、同レベルの山を何回か歩いて、徐々に歩行距離や高低差の大きい山へとレベルアップして行くのが順当だ。経験のある同行者がいる場合には安心して登ることができるが、まったくの入門者や、経験ある同行者がいない場合にはより慎重に山選びをする必要がある。

ロープウェイと季節感

季節と山の関係で言えば、登山口までのアプローチにバスやロープウェイを利用する場合、登山口となる交通機関の終点と下界との標高差にも注意が必要だ。一般に標高が100m上がると、温度は0.6度下がるとされている。たとえば、標高約500mの松本市街から、標高2700mの北アルプス乗鞍岳・登山口（バス終点）畳平まで上ると、一気に13.2度の温度差が生じてしまう。特に短い距離と時間で大きな標高差を昇るロープウェイは、季節感が一変してしまうことを認識すべきだ。筆者の経験でも、ロープウェイで上がる中央アルプス千畳敷で、低山歩きの服装・装備で戸惑っているグループに出会ったことがある。時期は4月下旬。下界ではすでにサクラも散って春爛漫の季節だが、ロープウェイの終点、木曽駒ケ岳登山口の千畳敷（2640m）は積雪2～3m、一面の銀世界である。登山靴にアイゼンを装着し、ピッケルを取り出した私に、グループのリーダーが声をかけてきた。自分たちの装備で木曽駒ケ岳登頂は無理だろうか？というのである。計画中止をアドバイスしたのは言うまでも無い。

最初は ウォーキングから

まったくの入門者であれば、サイクリングコースや観光地の遊歩道・散策路などの、10km前後のウォーキングから始めてみよう

次に 里山歩き

里山歩きや高低差の少ない山を選び、ピストン・コースで登れる危険箇所のない山を選ぶ。初心者で同行者がいない場合は、休日など登山者が多い日に登る方が安心して歩ける

山の難易度①標高差

山選びのための参考資料として使われるものに、登山ガイドブックや山岳雑誌、登山地図などがあるが、最初はどれを見ても実感がわかず、自分の山選びとしてどこをチェックして参考とすべきか、わかりづらいものである。掲載されている美しい写真や、全体から受けるイメージのようなもので山を選んでしまいがちだ。

ガイドブックであれば、都市近郊の中・低山（標高2000m以下）のコースを集めて紹介しているものを選び、「★」印や「入門向」「初級向」などという表記で示されたコースの難易度に注目する。当然、最初は入門向または初級向から候補の山を選ぶことになるが、人間の心理として、山頂の標高が低ければ登るのにやさしい山と思い込みがちであるが、必ずしも山頂の標高と登山コースの難易度とは一致しない。なぜ一致しないのかといえば、電車やバスなどを降りて歩き始める場所（登山口）の標高によって、たとえ山頂が同じ標高であっても、目指す山頂までの標高差に違いがでるからである。

たとえば、東京近郊・奥多摩で展望のよい山として知られる陣場山は、ポピュラーな初心者向きの山で、標高も855mでしかない。バス停のある陣場高原下から和田峠を経て一般的なコースを登ると、山頂までの標高差は535mである。対して北アルプスの秀峰・乗鞍岳は、深田久弥の「日本百名山」の一座で、標高も堂々の3026mであるが、バスの終点である畳平から山頂までの標高差は、わずかに326mでしかない。登山口から山頂までの歩行距離で比べても、陣場山の約3.5kmに対して乗鞍岳は約2.6kmと短く、「高低差」と「歩行距離」の数値だけから比べれば陣場山よりも乗鞍岳の方が楽に登れるコースということになる。

山の難易度②季節とコース

山の難易度を判断する要素は、高低差と歩行距離だけではない。季節による違いと、コースとなる登山道上の危険箇所の有無などもチェックする必要がある。

前出の乗鞍岳で見れば、登山口の畳平までのバス便は5月中旬～10月下旬の間だけの季節運行であり、登山口までのアプローチで条件が変わってきてしまう。また、入山日を5月中旬にしたとしても、登山口の畳平周辺は残雪で白銀の世界。たとえ標高差がわずかであっても、登山装備・技術ともに初心者向けコースの範疇ではもちろんなく、残雪期の雪山登山コースである。対する陣場山は登山口へのバス便も通年運行され、真冬から春先の一時期を除けば雪の心配もない。

このように、登山口までの交通機関の運行状況、登山口から山頂に至る登山道の状況が、季節によってどのように変化するのかをチェックしなくてはならない。また、山やコースの難易度を判断するためのチェックポイントとして注意したいのが、クサリ場やヤセ尾根、河川の徒渉など「危険箇所」の有無である。危険箇所のあるコースは、標高が高く歩行距離も長い山に多く在る傾向はあるものの、低山で現れるケースも少なくない。経験ある同行者のいない初心者であれば、とりあえず危険箇所のあるコースは避けた方が無難だろう。

【ポイント①標高差】

登山口から山頂までの高低差が大きければ、難易度は高くなる。また、同じ高低差で距離が短ければ、コースは全体的に急坂である

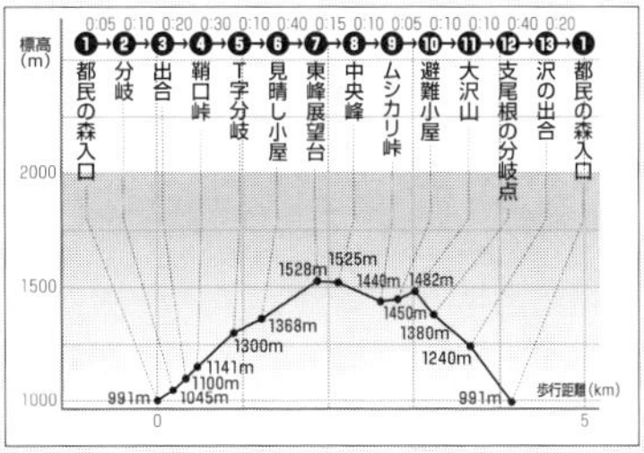

高低表

山岳ガイドブックの高低表は、山とコース全体の標高や距離感が一目でわかるように工夫されている

【ポイント②危険箇所】

クサリ場

初心者で同行者のいない場合は、とりあえずクサリ場やハシゴなどのあるコースは避けたほうが無難

河川の徒渉

大雨の後などは増水の可能性がある。場所によっては、夏場の夕立など集中豪雨で急激に増水する河川もある

【ポイント③季節変動】

「標高が100m上がると温度は0.6度下がる」を覚えておく。街中などの下界と、山の上では季節感が違うことを認識する

山のベストシーズンを選ぶ

山や目的によって違う登山好期

山とコースを選ぶ際の季節変動については前項で触れた。特に積雪によるコース難易度の変化や、交通機関の運行状況に注意して検討する必要がある。それ以外にも、季節を選んで登る方がより楽しめる山やコースがあることも覚えておきたい。

例えば、「夏が来れば 思い出す‥」の歌（「夏の思い出」江間章子・作詞、中田喜直・作曲）で有名な群馬・福島県にまたがる湿原・尾瀬ヶ原は、5月下旬〜6月中旬に訪れれば、残雪の至仏山を背景に開花期を迎えた水芭蕉の群落を目にすることができる。また、長野県の霧ヶ峰では7月中旬、なだらかな緑の草原にニッコウキスゲの黄色い花が見事に咲き誇る。春の花ばかりではない。群馬県・妙義山や栃木県の茶臼岳など、秋の紅葉時期に注目したい山も日本全国に数多くあり、また太平洋側の山では、晴天率の高い冬期に登る方が天候は安定している。

同じ山でも登山時期を選ぶことで、難易度とは別の観点から山を捉えることになり、さらに思い出深い山行とすることができる。

一方で、山をひとつのフィールドとして趣味を楽しむ人も増えており、その場合の登山好期は趣味の内容によって違ってくる。山岳風景写真の撮影が目的であれば、遠景が霞みやすい春や夏よりは、空気の澄んだ秋〜冬が適しているし、バードウォッチングやアニマルウォッチングにはそれぞれの適期がある。

あえて登山好機を外す

花や紅葉で知られた山では、山歩きにちょうどよい気候と相まって登山者が集中するもの。静かに山歩きを楽しむ、という雰囲気からは外れてしまうこともある。そんな山では、混雑する登山好期をあえて外して訪れるのもよい。特に、過去に登ったことのある山では、同じ山でも混雑時とはまったく違う別の一面を見ることができる。

例えば、都市近郊でも毎年2月頃には、多少なりとも降った雪が積もることがある。いわゆる雪山登山となるような山は対象にならないが、こんなときに里山のハイキングコースや入門者向けの山を歩いてみるのもおもしろい。たとえコースを歩き通さなくても、雪を踏んで歩いてみるだけでも、旧知の山も新鮮に見えるはずだ。その場合には、自分の経験やレベルと比べかなりレベルの低い、危険箇所のない安全な山を選ぶ。晴れていても最初からレインウェアのズボンを履き、スパッツを付けて歩き、ストックやサングラスも必ず持参するようにする。

山歩きを初めて数年の内は、次々に未知の山、よりレベルの高い山に登りたくなるもので、過去に登った山やレベルの低い山には、なかなか目が向かないもので、四季によって違った顔を見せる山の様相や自然を見過ごしがちだ。山に向かう気持ちにも余裕を持って、時にはレベル・アップばかりでない山歩きも計画したいものだ。

登山好期を目指して登る

その山に固有の花が咲く時期や春のサクラ、秋の紅葉の頃に登山好期と言える山が多い。また、山歩きと同時に趣味を楽しむことで、山ごとの適期、好期も変わってくる

低山の雪山を歩く

登山適期・好期を外すことで、静かな山歩きが楽しめる。また、レベルを下げて雪のある時に低山を再訪するのもよい

具体的プランを作るためには

最新の情報を集める

目指す山と時期が決まったら、次に具体的な山行計画を立てる。山岳ガイドブックや登山地図など、山選びのために参考とした資料はもちろん、インターネットで公開されている市町村のホームページなどもチェックし、できるだけ新しい情報を集めるようにする。個人が趣味で制作・公開しているホームページも参考にはなるが、ガイドブックや公共団体の情報と比べると、私見が入るので情報の信頼性に注意。また、私鉄駅などに置かれているハイキングMAPや、観光協会制作の観光パンフレットなどは、山の情報だけでなく、臨時電車やバスの運行情報なども含めて、全体を把握できて便利だが、地図が不充分な場合もある。地図については、より詳しく山の状況がわかる国土地理院発行の1/25000地形図を見るようにしたい。

分担してプランを作る

グループ登山でリーダーがいる場合でも、一人がすべてのプランを作成するのではなく、交通アクセス、登山道の状況、入山届など、分担して計画立案する方がよい。リーダーだけに計画立案から準備までまかせていては、自分の山歩きを上達させることはできない。ただし、この場合でも、プラン作成の前段階である山選びに際しては、各自が自分の経験や体力を踏まえて、山やコースの状況を把握しておく必要がある。

交通アクセスを確認する

電車・バスなど、登山口までの交通機関の運行状況は、登山計画の中でも非常に重要なチェックポイントだ。計画の段階で、登山口からのスタート時間を午前8時に設定したとしても、それ以前に登山口に到着できるバスや電車がなければ、計画は成り立たなくなってしまう。登山道の状況やコースタイムばかりに気を取られて、交通アクセスの確認を怠ることは、非常に危険だ。登山口への到着が1時間遅れれば、当然のように下山時間も1時間遅れることになり、季節にもよるが、下山が日没後となってしまう場合も考えられるからだ。最新の情報で電車・バスの運行ダイヤを確認しておく必要がある。

日の出・日の入りをチェック

普段の生活で、日の出・日の入りの時間を意識することはあまりないが、山の中では切実な問題となる。特に日沈時間が早まる秋から冬にかけては注意を払いたい。日が完全に落ちて月明かりがなければ、小さなヘッドランプや懐中電灯では歩行にさえ不安を感じるほど山の夜は暗い。また、下山路にありがちな沢筋や谷あいでは、思いのほか暗くなるのが早い。日本各地の日の出・日の入り時刻を調べるには、国立天文台のホームページで簡単に検索することができる。また、NHKラジオでも聴く事ができる（深夜11時55分頃、または気象通報）。

最新の情報を集める

登山ガイドブックや登山地図、地形図、インターネットのホームページなどを利用して、最新の情報を集めた上で、具体的な山行プランを作る

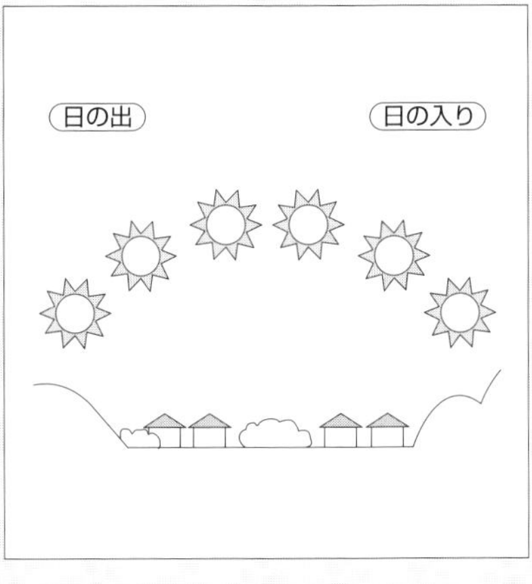

日の出・日の入り時間をチェックする

日没時間を知った上で計画を立て、下山時刻が適当であるかどうかを判断する。
国立天文台のホームページ（http://www.nao.ac.jp）では、市町村名と日にちを選ぶだけで、簡単に日の出・日没時間がわかる

気になる情報は、出発前に現地に問合せするとよい

コースの途中に危険箇所（河川の徒渉、崩壊地など）がある場合などは、登山道の歩行に問題がないかどうか、電話で現地に問い合わせるのが早い。その場合は、ガイドブックで「問合せ先」として掲載されている市町村の観光課や、コース上にある山小屋に問い合わせる

登山計画書にまとめてみる

目指す山を選び、歩くコースが決まったら、具体的に「登山計画書」(書き方見本はP.206参照) にまとめてみるとよい。登山計画書は山行計画をまとめ、記録するとともに、最終的には入山届として提出するもの。基本的には、いつ、誰が、誰と、どの山を、どのようなコースで歩くのか、を判るように書く。万が一、遭難した場合には、この登山計画書を基に捜索されることになるので、誰が見てもわかるよう、簡潔かつ正確に書く必要がある。

グループ・団体名は正式に登録されたものではなく、愛称のようなものでもよいが、メンバーの氏名やデータは必ず正確に記す。また「計画概要」の欄には、スケジュール欄を見なくても、登山計画のおおまかな全体像がわかるような表題を書いておく。

スケジュール欄には、往きに利用する交通機関の時刻から、登山コースを挟んで帰路の交通機関までを、時系列に沿ってわかりやすく書く。登山コースについては、コース途中の分岐点や、山小屋、山頂、河川の出合など、明確に特定できるポイントと予定通過時刻を書き入れ、昼食をとる場所や長く休憩するポイントなども時刻表記に明記する。

また、予定する登山コースとは別に、急な天候悪化やトラブルの発生に備えて、エスケープルート (緊急避難ルート) も決め、掲載欄に記入しておく。緊急避難に使えそうなルートが見当たらない場合は、「往路を引き返して登山口に下山、または予定の下山地に下山」とする。共同装備の欄には、ひとりが持参すればグループで有用に使える物 (ツエルト、コンロ、トランシーバー) など、持参する物があれば記入する。

メンバーの携帯電話については、山に持参する場合のみ記入し、緊急連絡先はリーダーの家族や、登山計画を把握している知人・団体代表者を連絡先に記入する。

備考欄には、日没時間やバスに乗り遅れた時などに使うタクシー会社の電話番号などを記入しておくと便利だ。また、登山計画書とは別に、当日歩くコースを「概念図」にまとめると、コースの状況や行程をわかりやすい図で表わすことができる。

登山計画書はどうするか？

登山計画」はメンバーの全員が持つと同時に、コピーしたものを家族や知人に渡しておく。また、登山当日には、登山口に設置された「入山届ポスト」に入れるが、正式には各山域を管轄する警察本部の地域課あてに郵送することになっている。一方、登山口に置かれた専用の用紙に記入するように定められている場合は、面倒でも指示に従い、持参した入山届に指定用紙を添付して提出するようにしたい。

近年急増した中高年登山者の遭難事例をみると、入山届を提出していないケースが非常に多い。家人に「奥多摩の山を歩いてくる‥」としか言わずに遭難した場合、通報を受けた警察でも、広い奥多摩のどこを歩くのかがわからなければ、捜索のしようがない。簡単に入山口〜目指す山頂〜下山地だけでもわかれば、救出される可能性は大きくなることを認識しておきたい。

概念図を描いてみる

概念図は登山地図や地形図を基に、歩くコースを線で表わし、その上に予定のスケジュールやコース状況などの情報を書き込んでいくもの。コース全体の模様を一枚の図で把握できるほか、当日持参して歩きながらチェックするのにも便利だ

単独の山歩きプランは

単独行という山の歩き方

単独での登山は避けるべきとの意見が大勢だが、山を歩いてみればわかるように、一人だけで山歩きを楽しんでいる人が多いのも事実だ。同行者に気兼ねすることもなく、マイペースで山歩きを満喫できる単独行は、グループ登山とは別の満足感が得られるものだ。「ひとり旅」という言葉に惹かれるように「単独行」にあこがれる登山者は少なくない。しかし観光旅行と違うのが山歩き、ひとたび遭難という事態になった場合には、有効な捜索活動が困難なケースが多く、グループ登山の場合と比べて遭難者の生還率も低いのが現実だ。

単独登山のすべてを非難するのではなく、リスクを理解して慎重に臨むならば、計画から山中での判断まで、すべてを自分ひとりで行う単独行は、登山経験を着実に自分のものとすることができる山行形態でもある。ただし、経験の浅い初心者のうちは避けるようにしたい。

単独登山は万全の体勢で

一人ですべての事態に対処しなくてはならない単独登山は、言うまでもなくグループ登山の場合以上に、慎重な山選びと計画が必要だ。最初の内は、過去にグループ登山で経験のある山やコースを選び、日の長い夏場、登山者の多い休日に行うのが安心だろう。時間的に余裕をもって歩けるように、早朝から歩きはじめるように計画し、途中の山小屋や下山口など電話のある場所からは、登山計画書を残した留守宅の家族や知人に連絡を入れるようにする。また、携帯電話が通話可能なら、山頂や重要なポイントから自分の現在地を知らせておけば、万が一の遭難の際には、捜索範囲を絞り込むことができる。

単独登山で最も危険なのは、どの山をどの登山口から歩き、どこに下山する予定なのか、誰にも知らせずに一人で出かけ、一人で遭難してしまうことである。一人で山を歩いていても、常に家族や知人と連絡が取れていれば、単独行の危険も相当に低減することができる。装備についても緊急事態を想定して、たとえ低山であっても、ホイッスルやツエルトなどを持参し、ヘッドランプや懐中電灯の予備電池や、非常食、体温維持のための衣類も忘れずに携帯したい。

「単独登山はやめよう」でよいのか？

昔は「危険な単独登山はやめよう！」などと、登山口の掲示板に大きく書かれているのを見かけることもあり、学生時代には一人で歩いていて、ベテランらしき登山者から注意を受けることもあった。近年の単独登山者の増加で、さすがに注意を受けることはなくなったが、いまだに単独登山を危険行為と断定する意見も多い。警察庁の統計（平成14年）によると、全遭難件数に占める単独行の割合は28%と最も多い。また、遭難者の中で死亡または行方不明となった単独登山者の割合も59%と非常に高いのが現実だが、危険だからやらない、やらせない、という発想では何の解決にもならないのではないか。

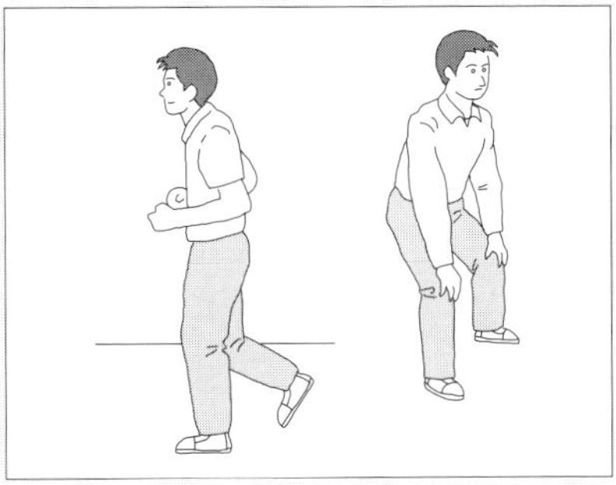

基礎体力を向上する

普段からの健康管理はもちろん、トレーニングを行うなどして基礎体力、筋力の増強に努める

夏の休日が安心

単独登山初心者であれば、過去に経験のある山やコースを選び、日照時間の長い夏に行う。登山者の多い休日を選べば、さらに安心感もある

小まめに連絡

山小屋や下山地の公衆電話、通話可能であれば携帯電話も利用して、ポイントごとに自分の現在地を家族・知人に通知する

万全の装備で臨む

装備計画も慎重に。登山道から転落して大声が出せない状態でも吹くことのできるホイッスルや、雨風をしのぐためのツエルト、体温保持に必要な衣服などの持参する

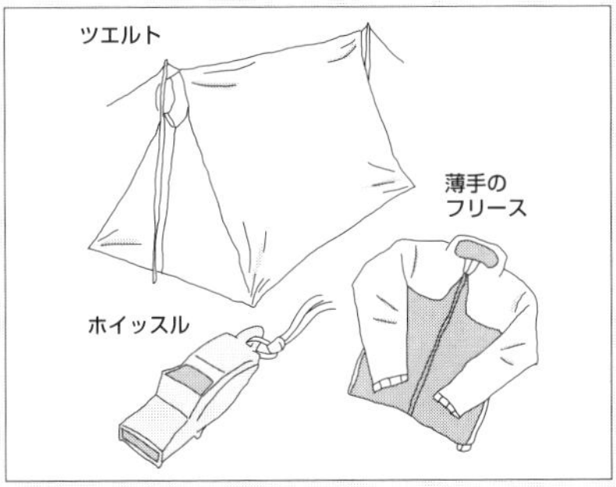

マイカー登山

計画の幅が広がる マイカー登山

マイカー利用の登山で最大の利点は、電車・バスなど公共交通機関の運行時間に制約されることなく、自由に山行計画が立てられることである。真夜中に出発し、夜明けとともに歩き始めることもできるし、数人で同乗すれば交通費の出費を少なくすることも可能だ。

山歩きの自由度が広がるマイカー登山ではあるが、登山口に至る道路の多くは高低差のある山岳道路や、未舗装の林道である場合も多く、また運転者にとっては山歩きの前後に体力と神経を消耗することになり、登山計画においても自由な分だけ注意すべきポイントも多くなる。

閉鎖期間のある林道に注意

マイカー登山で注意しなくてはならない最大のポイントは、マイカーを登山口まで乗り入れることができるかどうかにある。一般車両の乗り入れ規制であれば、途中でタクシー・バスに乗り換えればすむが、林道閉鎖の場合は登山計画そのものが成り立たなくなってしまう。

公共交通機関を使ってのアプローチと同様に、最新の情報で林道や山岳道路が走行可能かどうか、また、登山口となる付近に駐車スペースがあるかどうかも確認しておきたい重要なポイントだ。

また、標高の高い所を走る山岳道路や林道は、雨や雪など自然状況の影響を受けやすく、ガケ崩れや落石、崩落、季節はずれの積雪などで通行止めとなる場合も多い。たとえ通行可能な季節であっても、出発前日に現地の市町村に電話で確認する方がよい。

林道といっても 道路状況は様々

もともと林道とは、林業に携わる人が利用するために造られた道路のことだが、未舗装で道幅（幅員）も狭いデコボコの道から、観光振興のために舗装・整備された山岳有料道路まで、その様相は実に様々。有料道路であれば問題はないが、一般の林道では、マイカーの車種や装備によって乗り入れの可否を検討する必要がある。

計画段階で現地の市町村に電話し、2輪駆動車での走行に無理がないかを率直に聴いてみるのがよい。また、4輪駆動車でも、降雪、残雪の可能性があれば、必ずスタッドレスタイヤを付け、タイヤチェーンも持参するようにしたい。

走行上の注意点

一般道と違って街灯などない林道の走行では、できる限り夜間の走行を避け、昼間でも薄暗い樹林帯であれば、対向車や野性動物に注意をうながす意味で前照灯を点け、見通しの悪いカーブ手前では警笛を鳴らすようにする。また、下り坂の減速はエンジンブレーキを主に、フットブレーキを従として使い、特に砂利の浮いたような路面での急ブレーキは絶対に行ってはいけない。しばしばガードレールもない林道では、ブレーキロックされた車輪が砂利上を滑れば、そのまま谷底に落下してしまう。

車利用のポイント

2輪駆動と4輪駆動、車高の高低によって悪路の走破性能が異なる。マイカーの車種によっては走行が困難な林道もある。林道の詳しい路面状況を現地市町村などに問い合わせる

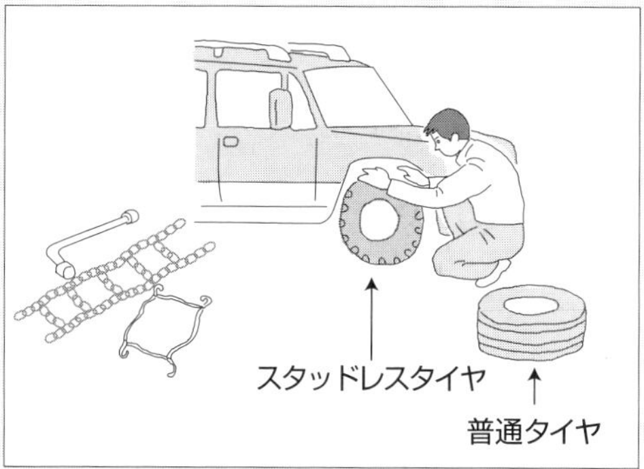

晩秋など初雪の可能性がある場合には、普通タイヤからスタッドレスタイヤに履き替えた上、タイヤチェーンも持参して臨む

見通しの悪いカーブの前で警笛を鳴らし、樹林帯の中では日中でも前照灯を点けて走る。幅員のない場所での対向車との行き違いは、左側通行にこだわらず、それぞれ谷側、山側に運転席側がくるようにしてすれ違う

レベルに合わせた装備の揃え方

山行スタイルやレベルに合わせる

山歩きをはじめるからといって、必要な用具を一度に揃える必要はない。足慣らしの里山歩きや、入門者向けの山であれば、必要な装備もさほど多くはなく、もともと家にあったものや、普段着を流用しても充分に通用する。むしろ、持っているものを使いこなした上で、長く使う装備を揃えた方が、的確に物選びができることもある。

経験者が身近にいて、最初から入門者向き、または初心者向けの山を目指す場合は、ある程度の装備を揃える必要がある。その場合は、山行をともにする経験者に同行してもらい、登山用品専門店のアドバイスも参考にして買い揃えるのがよいだろう。

ある物から使ってみる

山歩き入門編として、都市近郊の里山歩きや、軽いハイキングで整備された遊歩道を歩くのであれば、靴もトレッキングシューズである必要はない。運動に適した履き慣れたもので、まずは足慣らしに歩いてみる。また、ザックについても同様で、まずは家にあるナップザックや小型のデイバックで試してみるのがよい。小さなザックでパッキング（荷物の収め方）に慣れておけば、次の段階にステップ・アップする際、何が必要で何が不要か、自分の好みはどのようなタイプの物かなど、経験に即して適格な選択ができるはずだ。

ウェアについても山歩きのレベルに合わせて段階的に考えてよい。最初は運動しやすい普段着やゴルフウェアを流用すれば充分だが、初級者コースなど急な登り坂を含む運動量の多いコースを歩くようになれば、速乾性素材のアンダーウェアやYシャツ、伸縮性のあるパンツ（ズボン）がほしくなる。反対に防寒着のフリースなどは季節に合わせて厚手のものと、薄手のものを用意しておけば、入門から上級コースまで対応できる。

また、平坦な散策路であれば山用のレインウェアまでは不要で、折畳み傘1本持参すれば事足りるが、長い坂道の登り下りが出てくる初心者向けコースの山からは、傘に加えてレインウェアが必需品になる。レインウェアは必要な装備の中でもトレッキングシューズと並んで高価な部類に入るが、ポンチョ型などの間に合わせ的な物は避け、最初からセパレーツタイプの本格的な物を選んだ方がよい。靴についてもこのレベルから、運動靴ではなくトレッキングシューズが必需品となる。

街着にも使える山のウェア

普段着の中には山歩きのウェアとして流用できるものもあるが、逆にレインウェアの上着やフリース、パンツなどは、街着としても充分に使えるものが多い。それだけ登山用品がカラフルでファッショナブルになってきたといえる。最近では、普段の外出でも小型のザックを背負って街を歩く人は珍しくないし、クライミング用のチョークケースを小物入れ代わりに腰に付けている若者や、カラビナをバックに付けている女性なども見かけるようになった。

レベルに合わせて段階的に買い揃える

ザックやウェアなどは身近にある物から使ってみる。歩く場所やコースに応じて、経験を積むごとに買い揃えていけばよい

トレッキングシューズ

選び方のポント

装備の中でも選び方・買い方が一番難しいのがトレッキングシューズだ。形も足首まで覆うハイカット型、足首が出るローカット型やそれらの中間的なカットなどがあり、素材も皮革製や防水性・透湿性に優れたゴアテックスを使ったものなど様々で、初めて買う人は戸惑うに違いない。間違った選択をしないためには、品揃え豊富な登山用品専門店で、商品知識のあるスタッフに相談して選ぶのがベストだ。

専門店に行く前には、自分の山歩きのレベルや対象とする山、購入予算について、ある程度考えをまとめておくとよい。外見はまったく同じように見えるトレッキングシューズでも、使用状況に応じて「ライトタイプ」と「ハードタイプ」の別があるためで、標高も高く岩場やガレ場の多い山で、軽アイゼンを使うことが予想されるならばハードタイプ、整備された登山道の低山歩きが主体であればライトタイプを選ぶようにする。登山ガイドブックなどで初級から中級程度と紹介されるコースを、雪のない時期に日帰りで歩くなら初めての人にも歩きやすいライトタイプの方がよいだろう。

購入の際には、必ず靴と同時に使う登山用靴下を履いてからサイズ合わせをする。サイズをチェックするには、靴の内側先端につま先が触れるくらいまで足を入れた状態で、かかと側に指1本分の余裕があるものを選ぶ。その上で左右とも靴ヒモを締めて履き、足全体にフィットしているかどうかをチェックする。この際には店内を歩いて試してみるのがよい。

靴ヒモの締め方は、つま先側から順次しっかりとフィットさせていくが、このときに、D環の上から下にひもを通して編み上げていき、最後のフックも上から下にひもをかけてから結ぶと緩みにくい。長い下り坂では、最後のフックを下から上にひもを通して結んだ方がよい。

また、靴を買うときには、予備の靴ひもも同時に買って、ザックの底に入れておくとよい。

進化した中敷き（インソール）

サイズや形が豊富になり、自分の足にフィットした靴を選べるようになったとはいうものの、人それぞれに違うのが足の形だ。二本の足で体重を支えるためには、靴底と足裏全体に隙間がないのがベスト。近年開発されたインソール（中敷き）は、靴と足をよりフィットさせせることはもちろん、歩き方のクセや脚の変形から生じる不具合をも調整し、足の骨格を安定させることで、正しい足の運動をサポートしてくれる優れものだ。

靴の手入れ

使用後のトレッキングシューズは、外側部分に付着した泥やほこりを乾いた布などでしっかりと取り去り、靴底を上にして陰干しする。これは靴底の布製部分に溜まった湿気を発散させるためで、長く怠ると、靴の変形や靴本体からソールが剥がれるなどトラブルの原因になる。陰干しの後には、防水性のクリームを塗り込んでおく。

トレッキングシューズの種類

形や素材、使用山岳に応じて様々な種類の靴が用意されている。自分自身の用途に合わせて、足にフィットする靴を選ぶ

ウォーキングシューズ

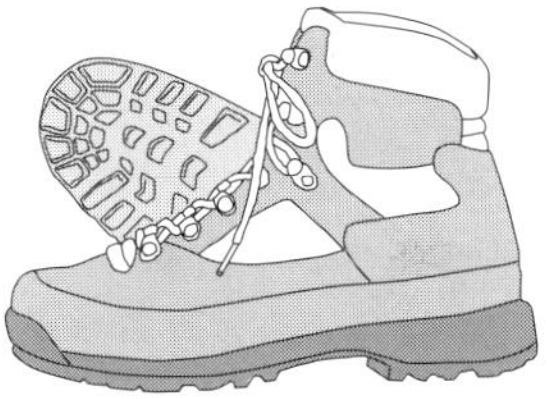

トレッキングシューズ（ライト）

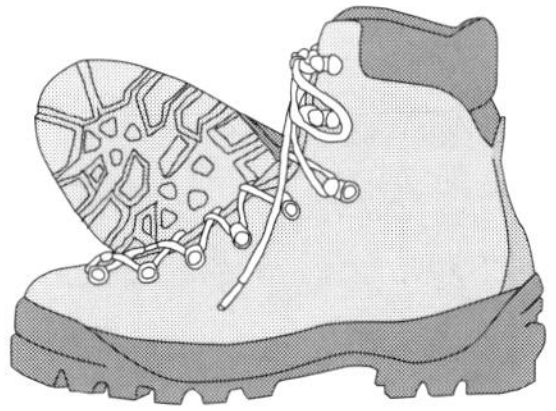

トレッキングシューズ（ハード）

登山用品専門店などにある斜面台を実際に歩いてみて履き心地を確かめる

ザック

ザックの種類と選び方

自分のことは自分でまかなうのが基本の山歩き。当然のことながら自分の荷物は自分で背負う。1日の行動中に必要となる食料、飲料、ウェアなど、重いものから小さなものまで様々な物を持ち歩くために必要なのが「ザック」だ。荷物が収まって背負えれば何でもよい、というわけにはいかない。身体にフィットしないものは、長い時間背負っているうちに、身体のどこかが痛くなってしまう。また、身体との相性やバランスの悪いものは、体力を消耗させる原因ともなる。用途にあった大きさで、全体のバランスのとれた背負いやすいものを選びたい。

昔のザックと言えば、布製で横長の「キスリング」が主流であったが、現在は身体にフィットしやすい縦長の「アタックザック」型が主流だ。最上部の開閉口（雨ぶた）から荷物の出し入れをする構造は、どれもほぼ一緒だが、側面などにポケットの付いたものや、胴部の途中にファスナーが付いて底部に収めた物を取り出しやすくしたタイプなどがある。

容量の目安としては、中低山の日帰り山行であれば、容量が20～25ℓ程度の小型ザック、1泊2日の山小屋泊まりのでは30～40ℓらいの中型ザックが適当だ。現在は日帰りの山歩きが主体でも、将来は山小屋泊まりの山行に挑戦したいという人は、30ℓ程度の中型を買っておいた方がよいかもしれない。

ザックの良し悪しは、実際に山歩きで使ってみなくては判らないもので、選び方も意外にむずかしい。迷うようであれば、登山用品専門店に並んでいる専門メーカーの商品から選ぶのが無難だ。自分好みの色や形で、気に入ったものを選ぶのも大切だが、ポケットの数や、一見便利そうに見えるものなどに惑わされることなく、基本的な造りが堅牢でバランスのよいものを選ぶのがよい。

パッキングの方法

ザックに入れる物を収納するパッキングは、簡単に見えて、やってみるとなかなかうまくいかないものである。特に経験の浅い初心者なら尚更で、入門書の通りにやってみると、必要なものが取り出しにくかったり、全体のバランスが悪くなったりしがちなものだ。よく言われるのは、「重いものを上に」「軽いものを下に」入れるのがよい、ということ。しかし実際に物の重さだけで収納位置を決めてしまうと、休憩の時に素早く出し入れしたい物が底部にあったり、その逆にあまり使わないものが上になったりと、使いにくい配置になってしまう。また、重いものを一番上に入れると、ザックを背負った姿勢で全体の重心が上がり、歩行中のバランスが取りづらい。ザックの重さに振られて姿勢を崩した場合、転倒や滑落の危険性すらある。

行動中の取り出し頻度を考え、あまり使わない物で、軽くてかさばる物を底部に、重量のあるものを背中よりの中央に、よく使う物を最上部に納めるのがよい。このときに、それぞれの荷をできるだけ小さく縦長に丸め、積み上げるようにして収めるのがコツだ。

ザックの種類と容量

縦長の「アタックザック」や「デイパック」などのタイプがあり、山行形態に合わせて容量を選ぶ

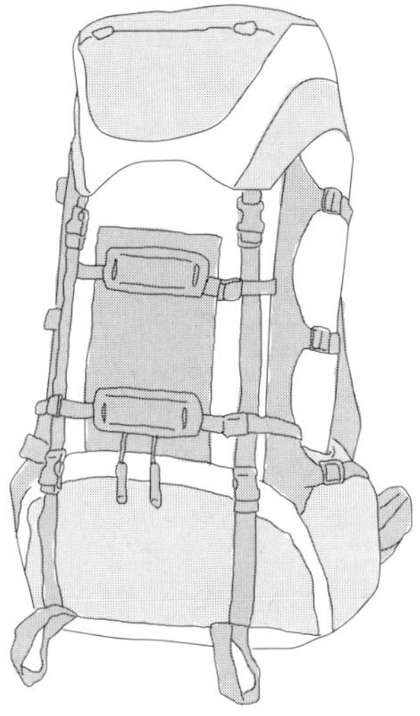

アタックザック

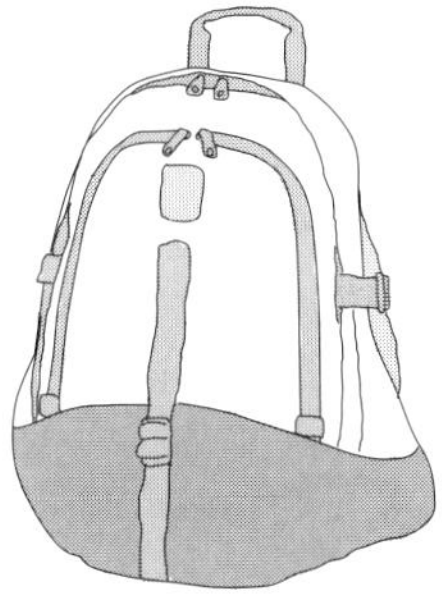

デイパック

パッキングの方法

背中よりの中央部に重いものを収納し、行動中に取り出す頻度の高い物は一番上に入れる

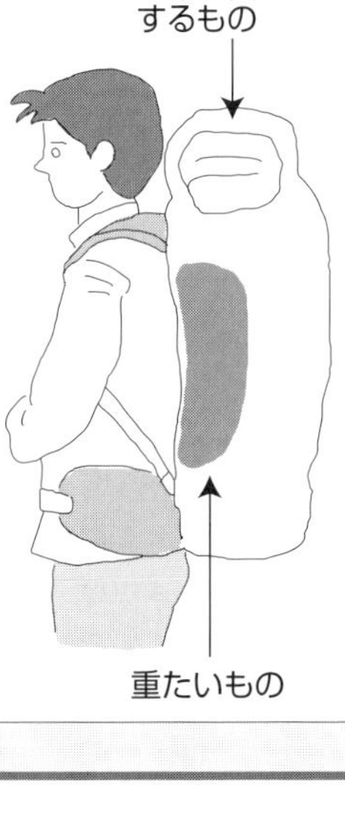

ザックの正しい背負い位置

ザックの底部が腰のベルト辺りにくるようにし、ザックと身体がフィットするように調整する

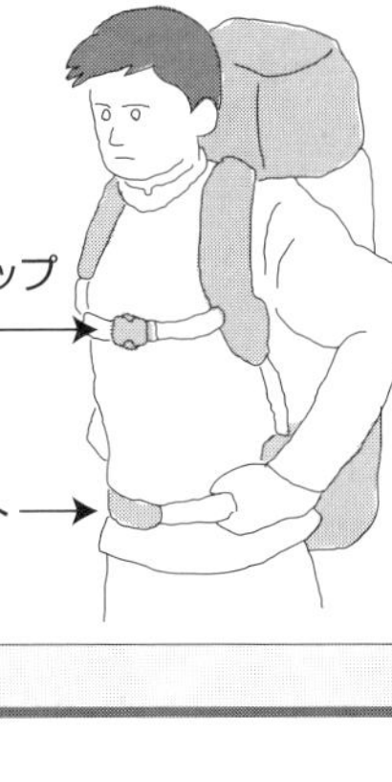

ウェア①

ウェアの基本は重ね着

山歩きの装備の中で、最もかさ張るのがウェアで、入門者からベテランまで選択に最も迷うのもウェアである。日常生活の場とは異なる山中では、一日の中でも時間や天候による気温変動が激しく、街中とは季節感も相違している。どのようなウェアを着ていけばちょうどよいのか、また、防寒対策として何を用意するか、など迷う人も多いだろう。四季を通じて日帰りで低山〜中級山岳を歩くのであれば、行動中のウェアとしては、速乾性素材の下着にYシャツまたはポロシャツ、これを基本にして考えるとよい。この基本に防寒着としてフリースを1枚、ウィンドブレーカーとしてはレインウェアの上着を流用することで、四季を通してほぼ対応できる。

冬や春先の寒い時期であればこの基本に加え、Yシャツやフリースを厚手のものにし、夏であれば逆に薄手のものとする。Yシャツやポロシャツは、有害な紫外線を防ぐ意味でも、四季を通じて長袖のものを用意したい。

この組み合わせの中で、状況に応じて重ね着（レイヤード）することが山のウェアの基本だ。重ね着といっても、必ず下着から順番に脱ぎ着するだけでなく、Tシャツの上に直接レインウェアを着たり、フリースを着た方がよい場合もある。日帰りの中低山歩きであれば、重ね着のコツは保温性よりもむしろ濡れ対策にある。速乾性素材のTシャツ以外は、汗で濡らさないように工夫したい。

ウェアはかさ張るものが多いだけに、余分なものを持たないようにしたい。初心者ほど防寒対策などで余計なものを持つ傾向がある。特に無雪期の日帰りの山歩きであれば、防寒着もレインウェアを活用するなどし、不要な荷物は極力持たないようにしたい。

ズボンは伸縮性のあるものを

昔の登山スタイルと言えばニッカボッカが定番であったが、今はスラックスタイプのパンツ（ズボン）が主流である。ニッカボッカの場合は、ひざ下がないので必然的に長いソックスを着用することになるが、ソックス地の厚さとトレッキングシューズの相性が取りづらいケースがある。

パンツはストレッチ（伸縮性のある素材）の物を選び、季節に応じて厚手・薄手を使い分けるようにする。入門者がジーンズを着用しているのを見かけることがあるが、汗をかくと肌に密着して脚が上がりにくくなり、乾きにくい素材でもあるのでやめた方がよい。

また、真夏にはショートパンツという選択もありえるが、紫外線対策やムシ刺され、岩場でのケガなどをリスクとして捉える必要がある。山歩きに慣れていない初心者は避けた方が無難。使う場合でも長ズボンは必ず携行するようにしたい。その他、ストレッチ性に富んで、動きやすいことから上下ともジャージ着用という姿を見かけることがあるが、着衣としての耐久性やファッション性から見ると、やや難があると言いたい。やはり、山歩き用に作られたものを使うのが無難だ。

低山～中級山岳向けウェアの基本

山での服装術としては
重ね着（レイヤード）
で調整する

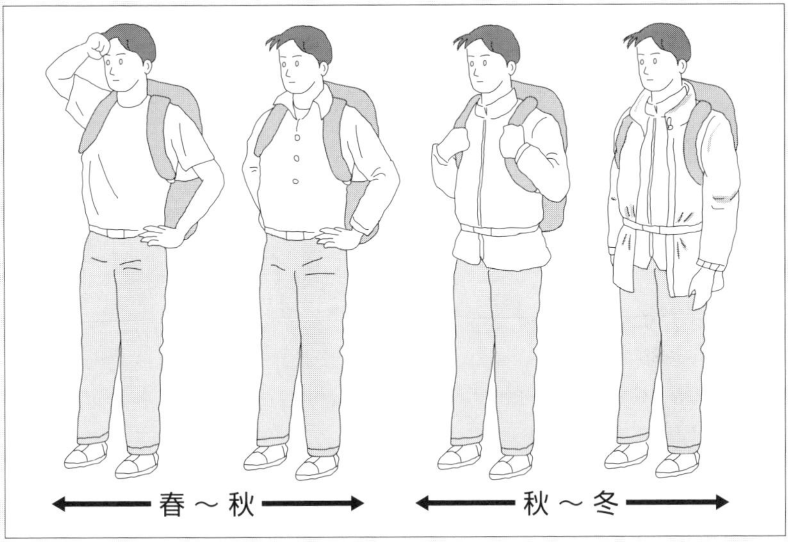

定番はスラックスタイプ

動きやすさなどを考
慮したズボンタイプ
が主流

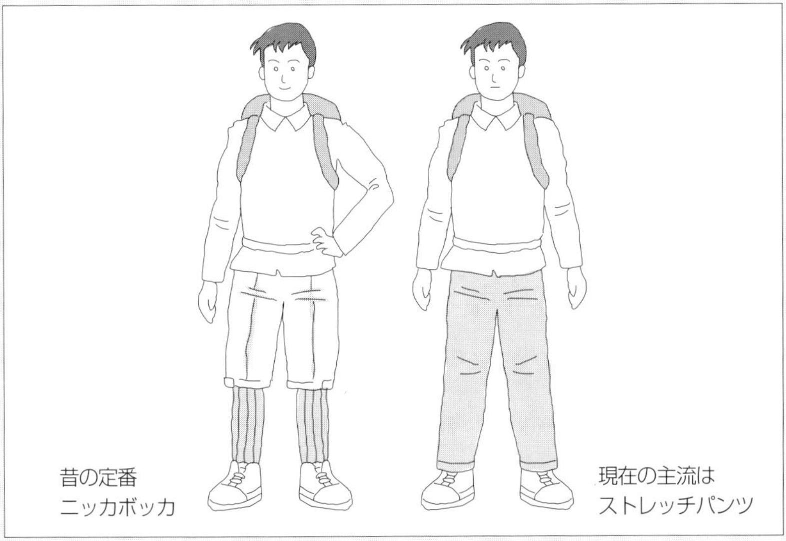

ウェア②

素材にこだわりたい下着

山歩きのウェアで普段の生活とは一線を画するのが下着だろう。男女の別を問わず普段用と山歩き用は別物と考えた方がよい。最も違う点は素材である。大量に汗をかく山歩きでは、濡れと保温性の問題を同時にクリアしなくてはならない。

普段の下着に多いのは、肌触りのよい綿を主体にしたもの。綿の特質として保温性には優れているものの、汗で濡れると縮んで身体にまとわり付き、しかも乾きにくいので、濡れたまま着ていると体温を奪われることになる。

下着選びは色や形ではなく、素材に注目し、ダクロンやクールマックスなど吸汗速乾性に優れた新素材の物を選ぶようにする。新開発の高機能素材の中には、速乾性・保温性のほかに抗菌・防臭機能を備えたものもあり、とかく汗臭くなりがちな山歩きにはありがたいものだ。下着と同様な着方ができ、しかも真夏にはそれ1枚で歩くことが多いTシャツも下着同様に新素材のものから選びたい。

また、寒さが厳しい時期には、パンツの下にタイツなどアンダーウェアを履くこともあるが、慎重に考えないと失敗する。運動量の多い山歩きでは、冬でも汗をかくもので、寒い早朝に家を出る時の感覚で、タイツやズボン下を履いてしまうと大汗をかくことにもなりかねない。たとえ新素材高機能のものを履いていても暑すぎる不快感を拭うことはできない。同様の理由から、寒さ対策を目的とした長袖下着も考えものだ。逆に紫外線を防ぐための長袖Tシャツは1枚あると暑い季節には便利だ。

常に肌に接している下着は動きやすいものでなくてはならないと同時に、体温を保つための重要なウェアである。過去の遭難事例でも、アンダーウェアの素材の違いから生死を分ける結果になったケースもある。フリースやYシャツは普段着を流用したとしても、下着は登山専用のものとして用意したい。

下着の替えを用意するか

初心者からよく受ける質問で、下着の替えを持っていくべきかどうか、という事柄がある。新素材で高機能を備えた下着類のない時代には、替え下着は必需品で、汗で濡れて臭くなった下着を着替えてからバスや電車に乗るようにしたものだが、少なくとも日帰りの山歩きであれば現在、その必要はないと言えるだろう。

しかし、下山後に山麓で温泉に立ち寄る場合などは、入浴後に再び汚れた下着をつけるのは、いかに新素材高機能といえども抵抗があるものだ。そんなときには必要最低限のものを用意するのがよいだろう。

また、夏でも気温が下がる稜線上の山小屋に泊まる場合や、過度に冷房の効いた電車に長時間乗るときなどは、新素材の種類によっては、かえって肌寒さを感じることがある。その場合には、普段使っている綿素材の下着を1枚持参するようにするとよい。雑誌やメーカーからの情報だけでなく、自分の感覚から物を選ぶ視点も養いたい。

新素材・高機能な下着を選ぶ

素材に注目することにより、より快適な山歩きができることだろう

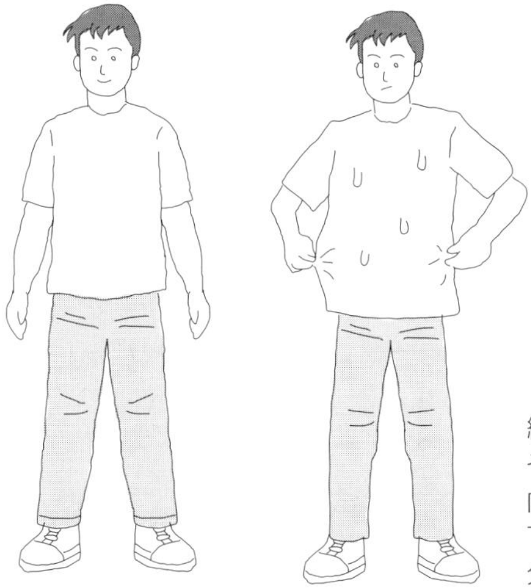

綿100%の下着は着心地こそよいが、機能的な面で不向き。綿100%か化せんの下着1枚かの違いで生死を分けることもある

山行に合わせて替え下着を持つ

荷物も多くなるので替え下着は最小限に留めたい

高機能の新素材は夏の冷房の効いた電車内では肌寒さを感じることも…

レインウェア

晴れた日でも使うレインウェア

よく知られているように山の天気は変わりやすい。平地の都市部で降水確率が0%でも、山では雨に降られることがある。「雨の日には山に行かないから‥」といって、初心者ほど雨着を軽視しがちだが、それは考え直しておいた方がよい。雨が降る時には同時に風が吹いていることも多く、濡れた身体で長時間風に当たれば、体温を奪われ低体温症など生命の危険すらある。それだけに山のレインウェアは、トレッキングシューズと並んで非常に重要な装備の一つだ。ほかの装備とは別格に考えて、しっかりとしたものを選ぶようにしたい。

レインウェアには形や素材で様々なものがあるが、頭からすっぽり被るビニール製のポンチョや、観光地の売店で並んでいるような簡易なビニール製のものは、山歩きでは雨着として機能しない。山の尾根で降られる雨は、上からだけでなく横や下からも風で吹き上げられて、下からの雨に無防備なポンチョ型では即座にびしょ濡れになってしまう。簡易なビニール製雨着も動きにくい上に耐久性に乏しく、激しい運動をともなう山歩きには適さない。

同様の理由で折畳み傘だけで済ませるわけにもいかない。もっとも傘については、小雨の場合に雨着と併用すると意外に便利なもので、アプローチでの使用も考えて、必ず携行するとよい。

また、山歩き用のレインウェアは雨着としての使い方のほかに、ウインドブレーカーや防寒着としても積極的に使いたい。セパレーツタイプのものは、上着とズボンが入る収納袋が付いて販売されているが、実際の使用ではザックの中で別々に収納し、上着は休憩時に羽織るなど有効に活用したい。

万全の装備に過信は禁物

ゴアテックスの雨着があれば、どんな雨でも大丈夫と考えるのは間違いだ。新素材で丈夫なウェアでも、何年も使っている内には縫い目などの防水シールが劣化してくることもある。それでなくても、強風をともなった豪雨では、袖口や襟もとから雨は染みるように入り込んでくる。濡れて風に吹かれれば、低体温症に陥る危険がある。何事も過信は禁物である。

レインウェア選びのポイント

セパレーツタイプでゴアテックスなど防水性・透湿性に優れた新素材のものがベストだが、縫い目の防水処理や造りのしっかりとしたものであれば、他の素材のものでも大きな問題はない。ズボンは靴を履いたままで着脱できるように、ズボンのすそがファスナーで開閉するものが便利だ。

購入時には必ず上下ともに試着し、身体を動かしたときに無理がないかを試してみる。また、季節によっては上着の下にフリースやセーターを着ることもあるので、ある程度余裕のあるサイズを選ぶことがポイントだ。色は好みの問題が大きいが、赤や黄色など目立つ色の商品が多いのは、万が一の遭難時に遠くからでも視認しやすくするためである。

使用頻度の高いレインウェア

装備のなかでも最重要アイテムのレインウェアは、雨から身を守るとともにウインドブレーカーや防寒着としても有効。ズボンとは別々にザックの上の方に入れて積極的に使いたい

正しい選び方

上着・ズボンともに必ず試着し、運動に無理がないかを試してみる。サイズは下にフリースなど重ね着することを考えて、多少余裕のあるものを選ぶ

ズボンのすそにも着目する

ズボンのすそがファスナーで開閉するものは、靴を履いたままで着脱できるので便利

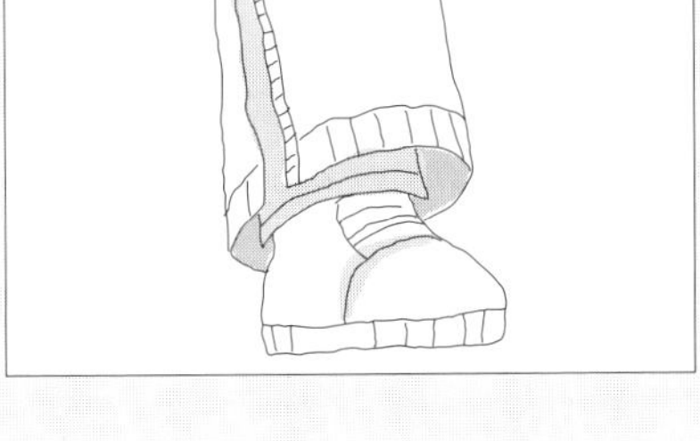

必需品と便利グッズ

必ず持っていく物

山歩きに必ず持っていかなくてはならない物というのは、それほど多種多様にあるわけではない。しかし、初心者のうちは何が重要で、どれが余計なものであるのか的確な判断ができず、ザックの中にいろいろと詰め込んでしまう場合がある。本当に必要な物だけを厳選して収め、できるだけザックを軽くすることが大切だ。

四季の山歩きを通じて、必ず持っていく物はP.204〜205のチェックリストの◎印のある物で、ウェアと食料・飲料を除いていえば、地図、コンパス、ヘッドランプ、携帯電話である。たったのこれだけかと思う読者も多いだろうが、実際には、たったこれだけの最重要グッズすら持たずに歩いている登山者が多い。

まず、地図を持っている登山者は多いがコンパスを持参している人は少ない。地図とコンパスは必ずワン・セットで使うもので、地図だけでは正しく役立てることはできない。登山ガイドブックなどに掲載されたMAPをコピーして使っている登山者も見かけるが、それだけで済ませるのはいただけない。登山地図や地形図と併用して使うようにしたい。

ヘッドランプもまた持っている登山者は少ない。「日帰りだから不要…」ということがその理由だが、日没前に下山する予定でも、途中で思わぬアクシデントに遭えば、すぐに予定は狂ってしまうものだ。日没後、月明かりのない山中は、街中の夜からは想像できないくらい暗い。整備された登山道であっても、まずヘッドランプや懐中電灯なしには歩けないと考えたほうがよい。

また、携帯電話も近年の急激な普及に支えられ、通話可能範囲は山岳地の一部にも及んでいる。万が一の事故や遭難時には、生死を分ける命綱にもなりえるものだ。機能を正しく理解したうえで必ず持参する物に加えたい。

あれば便利な物

山歩きの楽しみをより充実したものにするために、簡単なクッキング・グッズやカメラを持参するなど、趣味や嗜好に応じて様々に考えられるが、ここでは、必需品に準じるものを紹介しておきたい。

まず、緊急時に身を守るものとしてエマージェンシーシートやツエルトがある。特にエマージェンシーシートはザックに入れていても重量、容量ともに気にならないほどコンパクトで、価格的にも安価。もしものビバーク（緊急露営）では、あるとないとでは大違いで、1枚持っていると安心。同様に、ホイッスルもあれば安心な小物として持参するとよい。滑落や転倒でガケ下に転落して胸や背を強打すると、思うように声が出なくなってしまう。そんなときにホイッスルがあれば、他の登山者に自分の存在を知らせることができる。

また、常識的に言って誰でも腕時計は持っているだろうが、できれば気圧計・高度計機能の付いたものがあれば便利だ。登山ガイドブックなどに掲載されている「高低表」と対応して、現在の高度から全体の行程を把握することができる。

山歩きの必需品

チェックリストを見るまでもなく、以下の4点は必ず携帯するものとして覚えておきたい

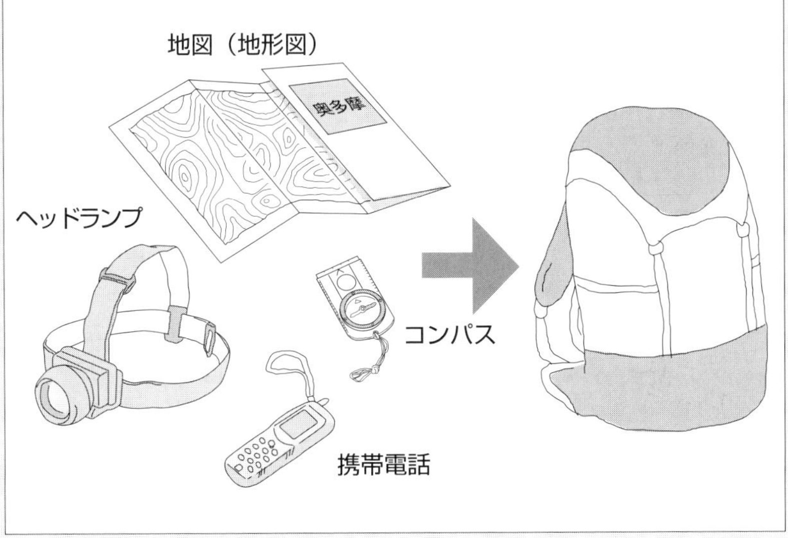

できるだけ持参したい物

必需品に準じて考え、なるべく持参するようにすると安心

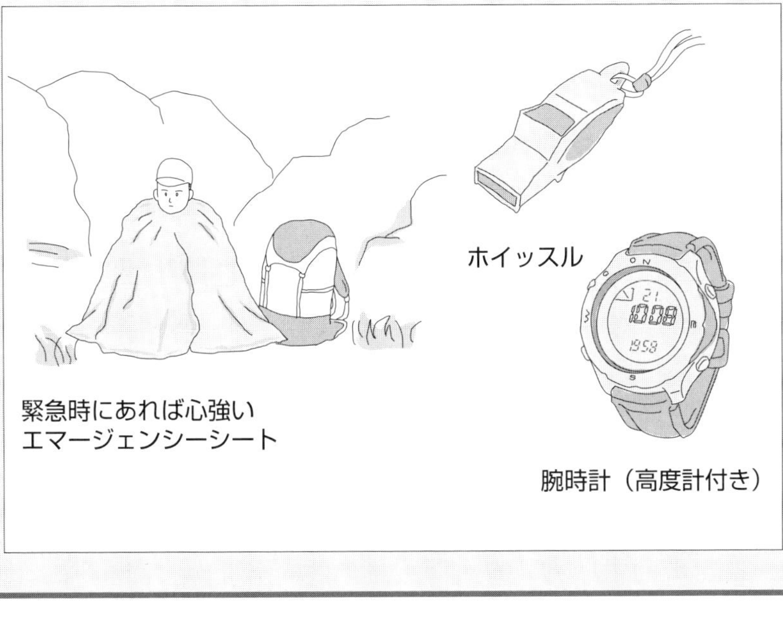

山歩きの基本

歩くことにもコツはある

言うまでもなく山歩きの基本は「歩行」である。山歩きに慣れていない初心者の中には、この基本を外していることで、無駄な労力を使い疲労を早めたり、故障や転倒の原因を作ってしまう人も少なくない。歩行技術などというと、大げさに聞こえるが、山歩きではちょっとしたことの積み重ねが、一日の歩きの中で、身体の疲労やダメージに大きな差をもたらすということになるのである。

したがって、山歩きには「ちょっとしたコツ」が数多くあり、経験豊かな登山者は、そのコツ（歩行技術）を意識するしないに係らず行っている。そのことが、「山慣れしている」ということの一端なのだ。

足の裏全体で接地する

歩行技術の「コツ」、第一のポイントは足の裏にある。普段街の中を歩いている時には、よほど足に合わない靴でも履いていない限り、意識することもない足の裏であるが、普通に山を歩いている状態で、靴底を隔てて、全体重とザックの荷重を支え、地面に接するのは二つの足裏しかない。足裏を意識して歩くことが、まさに重要な一歩なのだ。

「コツ」は、登山靴のソール（靴底）を常に地面に対してフラットに置くようにすること。そして靴の中の足裏全体で体重を受け止めようとすることだ。簡単なようだが、街歩きに慣れきった足では意識して行わないとできない。両方の足で歩くという一連の動作の中で正確に見れば、かかとから接地して徐々に体重がつま先に移動することは、街歩きと同じであるが、ポイントは足の裏全体で体重を受けとめようと意識することである。足の指やかかとなど、どこか一点に力が掛かっていると、その部分を支える筋肉やスジに負担が集中し、結果的に身体全体の体力消耗以前に、筋力の減退からトラブルが生じることにもなる。

歩幅を狭くとる

歩幅の大小は歩くスピードの違いに直結する。特に初心者の場合は、早く歩こうとして歩幅を大きくとってしまいがちであるが、山歩きでは街歩きとは区別し、意識して歩幅を狭く歩くことが基本である。

なぜ大きな歩幅ではいけないのか。その理由は、歩行中の体重移動とエネルギー消費の関係にある。2本の足で歩くという一連の動作を分析すると、歩く方向に体重を移動する動作であるとも言える。この体重移動をいかにスムーズに行えるかが、歩幅調整するポイントとなる。すなわち、大きく歩幅を取れば、一歩あたりの体重移動の距離が大きくなり、身体全体のバランスを維持するために力が必要になってしまう。体重移動を支え、身体のバランスを取るために使われる筋肉の負荷も大きくなる。その結果として、一歩あたりのエネルギー消費も大きくなるわけだ。大きな歩幅で歩くことは、駅の階段を1段飛ばしに登るようなもので、身体の負担に大きな違いがでる。

足裏全体で支える

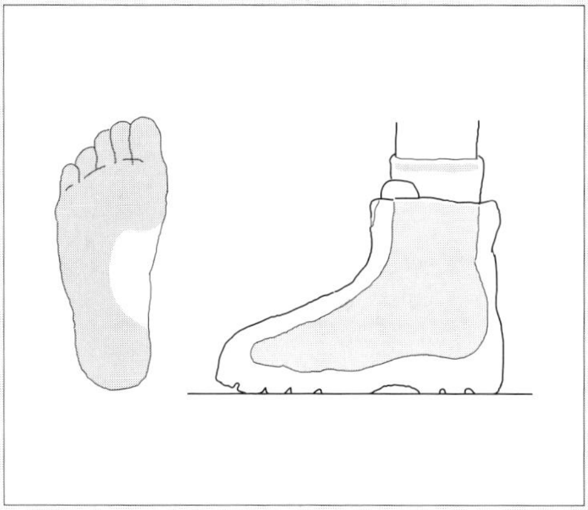

足裏全体を使って身体全体の体重を支えるように意識する。足裏のどこか一部分に負荷が集中することは、局部的な筋力を必要とし、故障や筋力消耗の原因となる

歩幅を狭くとる

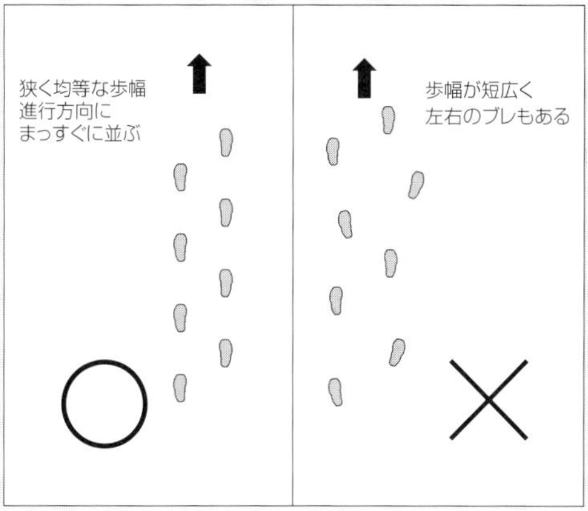

山歩きでは歩幅を狭くするのが基本。不必要な労力を使わず、スムーズな体重移動ができる歩幅を意識して歩く。

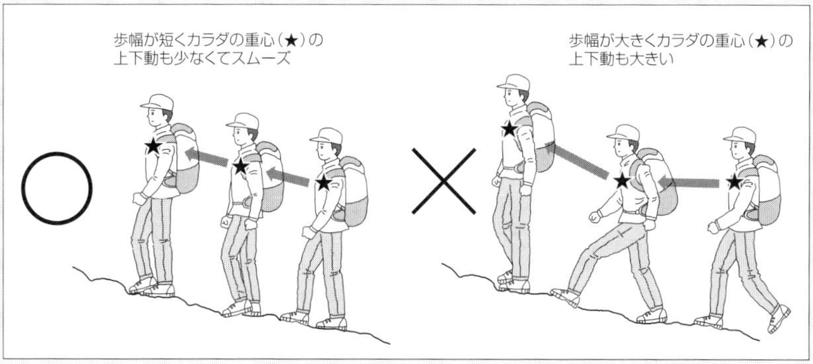

身体のブレを小さくする

山歩きでは歩幅を狭くするのが基本。不必要な労力を使わず、スムーズな体重移動ができる歩幅を意識して歩く

立ち姿勢も要チェック

舗装された街中の道路とは違い、山中の登山道では歩く地面の状況も一様ではない。デコボコな場所もあれば、登り下りの急斜面もある。前項で解説したように、最小限の労力で安全スムーズに歩を進める上で、さらに覚えておきたいポイントとして、地面に対する立ち方（姿勢）と重心の工夫がある。

普段は誰でも自然に当たり前に行っていることだが、人間が普通に立っている状態は、地球の重力方向に対して垂直に直立した姿勢のことである。この状態が最も安定した立ち姿であることは、身体のバランス保持が最も楽に維持できるからで、手を使う以外には常にこの原則を維持することがポイントだ。

山側から谷側に傾斜している登山道などで、滑るのを恐れて谷側に身体を傾けるようにして歩いている登山者を見かけるが、これはまったくの逆効果。身体の重心が重力の方向からズレることで、バランス保持が難しいだけでなく接地面との摩擦係数が低下することで、かえって滑りやすくなる。それと同じように、登り坂・下り坂でも常に重力の働く方向を意識して姿勢を保つようにする。

ベテランの歩き方を見習う

上手な山歩きのコツをつかむ方法として、自分なりに工夫しながら歩いてみるのもよいが、ベテラン登山者の歩き方を観察するのもよい方法だ。休憩の際などに通り過ぎていく登山者を見ていると、それぞれ歩き方の違いやクセがわかっておもしろい。

そのなかで、すべてのベテランに共通するのは、「静かに歩いている」ということだ。身体の動き全体がゆったりとしており、初心者や子供にありがちなドタバタと忙しない動きとは対照的な姿、違いは一目瞭然だ。ゆったりとし余裕をもって歩くベテラン登山者の姿は、大きな自然のリズムに歩調を合わせるかのようで、どこにも無理のない自然な動きである。

また、ベテラン登山者の後ろを歩く機会があれば、背負っているザックにも注目してみよう。と言っても、ザックの色や形を見るのではない。ザックが肩に掛かる辺りを見て、上下左右へのブレ方をチェックする。ベテランであれば、歩を進めるたびに生じる、そのブレ幅が小さいはずだ。ブレの幅が小さいということは、バランス維持のために使う力も最小限に抑えられているということになる。

そのほかにも、苦しい登り坂など腕を組んだり、腰の両側に手を添えて歩いている人を見かけることもある。これもまた身体全体のブレを最小限に抑えるための姿勢で、特にザックが重く感じるときや、急登が続く場面などでは有効な姿勢だ。早く歩く場合には腕を左右に振ることでバランスが取れるが、登り坂などをゆっくりと歩く場合には、腕の位置を固定した方がバランスが取りやすいのだ。また付け加えれば、この腕組みの姿勢を自分で体験してみるとおもしろい。足回り（登山靴と靴下）は実際に山へ行く場合と同じものを使い、ザックの中身を普段の2〜3倍程度まで重くし（重いものをザックの上に入れる）、自宅の周りや駅の階段、傾斜のある場所を歩いてみよう。静かに歩くことの意味や、バランスと労力の関係などが体感できるはずだ。

立ち姿勢の基本

重力の方向に垂直に立つのが基本。傾斜地では身体が傾きがちになるが、重心がズレることで摩擦係数も小さくなり、かえって滑りやすくなり危険だ

身体のブレを抑える

歩いているときに、身体が左右にブレないように、また上下動も少なくすむように歩幅を小さくし、最小の労力でバランスを取りながら足を進める

バテない歩き方のコツ

基本はゆっくりと一定のペースで

山歩きで「バテる」とは、簡単に言えば疲れ果ててしまうことであり、自分の体力を限界近くまで使って、「もう歩けない‥」という状態に陥ってしまうことである。そうなってしまっては、自分自身も辛いし、動けなくなってしまえば他人にも迷惑をかけることになる。バテないためには、普段からの健康管理も含め、前章で解説した歩行技術を実践することが基本であるが、そのほかにも、いくつか試していただきたい歩き方のコツがある。

ゆっくりと静かに歩くことはすでに解説したが、加えて「一定のペース」を心がけて歩くことだ。山歩きを陸上競技に例えれば、短距離のトラック種目ではなく、マラソンに近いものである。マラソン選手がほぼ一定のスピードを維持して長距離を走り切るのと同じように、歩き始めから下山までの全行程を、マイペースを維持して歩くのがコツである。

歩き始める前のポイント

歩き始める前には、軽いストレッチや体操で身体のコリをとり、足や腕、腰などの筋を伸ばし、靴ヒモやザックのバンドなどを点検する。このときに、歩き出せば暑くなることを想定して、あらかじめ着衣を一枚脱いでおくとよい。朝早く自宅を出発し、電車やバスに乗ってきたままの服装で歩き始めると、天候や高度によっても違うが、たいていの場合は30分も歩かないうちに暑くなって、汗をかきはじめる。一日のペースをつかむ大切な歩き始めのタイミングで、ザックを降ろしてゴソゴソと荷を詰め直すのは避けるべきだ。

不必要な発汗をさける

汗をかくことが悪いことではないが、体力の消耗や衣服が濡れることを考えれば、不必要な発汗は避けるべきだ。速乾性素材のTシャツ（肌着）の上に、化繊のYシャツなどを着ていると、ザックのあたる背中に汗をかき、濡れてしまってから脱いでも、ザックの中に仕舞った場合は、一日中乾かないことになる。できるだけ早めに先を読んで対処し、気持ちよく歩けるようにしたい。

歩き始めのポイント

マイペースといっても、入門者や初心者にとっては、自分にとっての最善のペースをつかむのは難しいかもしれない。そんな時に試してほしいのは、一日の歩き始めや、最初に出会う登りでペースをつかむようにすることである。

歩き始めは一日の全行程を思って、誰でも気がはやるもので、ついついハイペースになりがちだが、身体はまだ山を歩く態勢にはなっていないと考えて、身体全体の調子をうかがうように歩くのがコツである。たとえ平坦な登山道であっても、身体の力を抜くようにし、山の大気を味わいながらリラックスして歩く。30分程度歩き続け、身体が温まるのを待ってから徐々にペースを上げていく。

ゆっくりと歩幅を意識しながら
歩き始める

登山口に着いて、すぐに歩き始めるのは
禁物だ

発汗前に1枚脱ぐ

登山道を歩き始めると、すぐに汗をかき始めることも多い。登山口で多少寒さを感じる程度の気温なら、不要な着衣は汗で濡れる前に脱いでおこう。あらかじめ先を読んで、歩き始めるのがよい

歩き始めで体調をつかむ

歩き始めでは、先を急がずにゆっくりとリラックスして歩き、その日の体調を早めに把握するように努めたい

30分は休憩なしで歩く

歩き始めで最初に出会う登り坂は自分の一日のペースをつかむ上で、特に重要な場面である。登り始めは特にゆっくりとしたスピードで登り、心拍数が上昇し、息苦しさを覚えたら立ち止まり、その場で呼吸を整えて、また再び登り出す。苦しいからといって、この時に立ち止まるだけでなく休憩まで取ってしまうのは、バテの防止策としては逆効果。特別に体調が悪い場合を除いて、最初の登りでは、登り始めてから30分程度は休憩なしで歩き通すのがよい。

一定の時間苦しい呼吸を続けながらも、同じペースで歩を進めていると、身体がその状態に適応するかのように、徐々に呼吸も楽になるもので、これが「ペースをつかむ」ということ。逆に、その前に休憩してしまうと、身体の適応作用は振り出しに戻ってしまい、いつまでたってもペースがつかめず、常に登りで苦しむことになってしまう。

グループ登山では、遅い人にペースを合わせる

よく見かける光景で、後続の登山者を気にして先を急いだり、先にやり過ごすついでに休憩してしまう人がいるが、どちらも上手な歩き方とは言えない。山歩きはスピードを競うものではないので、ペースは人それぞれであってよい。急な登りは誰でも苦しいもので、ゆっくりとしたスピードで登っていても恥ずかしく思う必要は無い。本当に恥ずかしいのは、バテて人に迷惑をかけたり、山を楽しめなくなってしまうことなのだ。

また、グループで歩く場合には、最もペースの遅い人に全員が歩調を合わせる。リーダーは最後尾から歩いて、全員の様子を把握するようにし、サブ・リーダーのすぐ後ろに初心者を置く。普段のペースが速い人が、遅い人の歩調に合わせると疲れてしまう、という話を聞くこともあるが、多くの場合は、自分だけ先に歩いて途中で長く休憩するなどして、ペースを乱したことが原因と思われる。

グループ登山でバラバラな行動をとることは避けるべきで、特に初心者を含む場合には危険だ。体力やペースに余裕があれば、初心者に歩き方をアドバイスしたり、会話を楽しむなど、早く歩くこととは別のことに体力を振り向けたい。

呼吸はリズミカルに

苦しい登り坂で、呼吸が乱れたときの対応として、「二回吸って二回吐く」や「一回吸って二回吐く」などといわれる。自分が一番楽に歩ける呼吸法を工夫して、試してみるのもよいが、登り下りの歩調に合わせてリズミカルな呼吸ができていれば、特別にこだわる必要もない。

肺の換気特性として、吸うよりも吐く方を意識した方が肺全体の換気が進むとされている。立ち止まって呼吸を整える際に、「一回吸って二回吐く」を試してみる程度でよいだろう。むしろ、息切れや呼吸の乱れが続くようであれば、前項までに解説した歩行の基本ができていないか、あるいは体調不良を疑うべきだ。自分に合った歩くペースがわかっていれば、一時的な呼吸の乱れにも不安を感じないで対処できる。

30分は登り続ける

最初に出合う登り坂では、ゆっくりと静かに一定のペースを意識して歩を進め、苦しくても30分程度は休憩せずに登る。苦しい時には休憩ではなく、その場で立ち止まって呼吸を整えるようにする

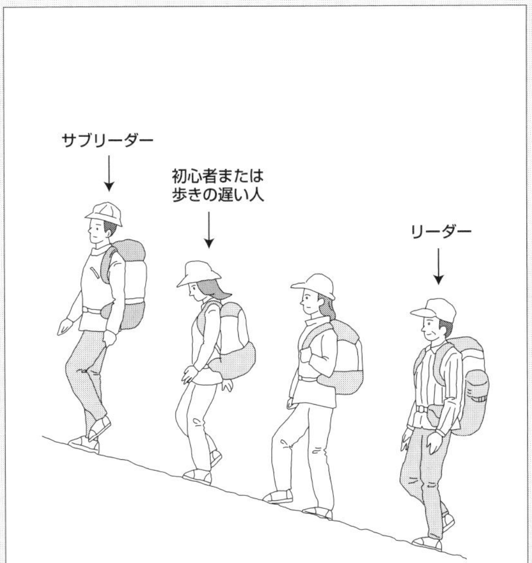

ペースを合わせる

グループ登山の場合には、初心者または最もスピードの遅い人に全員がペースを合わせる。リーダーは全体を把握しながら最後尾を歩き、サブ・リーダーが先頭を歩く

上手な休憩の取り方

休憩の種類とタイミング

山歩きでの休憩時間は、一息ついて周囲の景観や山の大気を胸いっぱいに味わえる楽しみの時間だ。しかし間違った休憩の取り方をすると、バテや故障、トラブルの原因にもなる。
一般的には、おおよそ1時間歩いて5〜10分程度休憩するのがよいとされているが、あまり杓子定規に捉える必要はなく、これをめやすとして、山やコース、その時々の体調など状況に応じてフレキシブルに考えるようにしたい。同じ休憩ではあっても、「小休止」と「大休止」、「食事休憩」と、3種類に分けて考えたい。随時タイミングを見て取るようにする「小休止」とは別に、「大休止」と「食事休憩」については、計画の段階で、あらかじめ場所と時間を想定し、登山計画書にも記載しておく。

短めに取るのが休憩のコツ

3種類の休憩に共通して言えることは、「あまり長く休まない」ということだ。
一般的に言われている5〜10分は、もちろん間違いではないが、小休止であれば10分では長い。山やコースの違いで一様ではないが、さらに細かくいえば、1時間歩いて10分休むよりは、30分歩いて5分の小休止とした方がベター。その方が、自分のペースを休憩で乱されることなく歩くことができるからだ。また、展望のよいピークや、山小屋などで取る大休止も15〜20分程度、昼食時の食事休憩でも30〜40分として計画したい。

小休止では腰を降ろさない

休憩で一番気をつけなくてはいけないのが、身体が冷えてしまうこと。脚の筋肉や筋は休憩中に身体が「寒い」と感じる前に、すでに冷えて硬くなり始めていることが多いのだ。休憩時に、レインウェアの上着をウィンドブレイカーとして着るのは、身体の冷えを防止するために有効で、実際に行っている人も多い。しかし肝心の脚については、極めて無頓着に休憩している場合がほとんどだ。そのうえ、腰を降ろして座り込んでしまえば、脚は冷えていくばかりで、休憩から出発した途端に脚をツリかねない。また、バランス感覚や反射神経が衰えてくる中高年であれば、歩き始めでのつまづきから転倒に至る危険もあるので充分な注意が必要。
出発前にストレッチをするなどの方法もあるが、もともと短時間の小休止であれば、「ザックは降ろしても、腰を降ろさない」というのが最も有効な脚の冷え防止策といえる。

休憩中に行っておくこと

休憩中には小まめに水分を採るようにし、場合によっては行動食なども摂取する。また、コース上のポイントで取る「大休止」の場合は、地図とコンパスで現在地を確認しておくほか、靴ヒモやザックなどの細かな調整も行っておくとよい。

3種類の休憩

小休止、大休止、食事休憩の3種類を分けて考える。小休止は30分歩いて5分程度取り、大休止と食事休憩は山行計画の段階で、場所・時間を決めておく

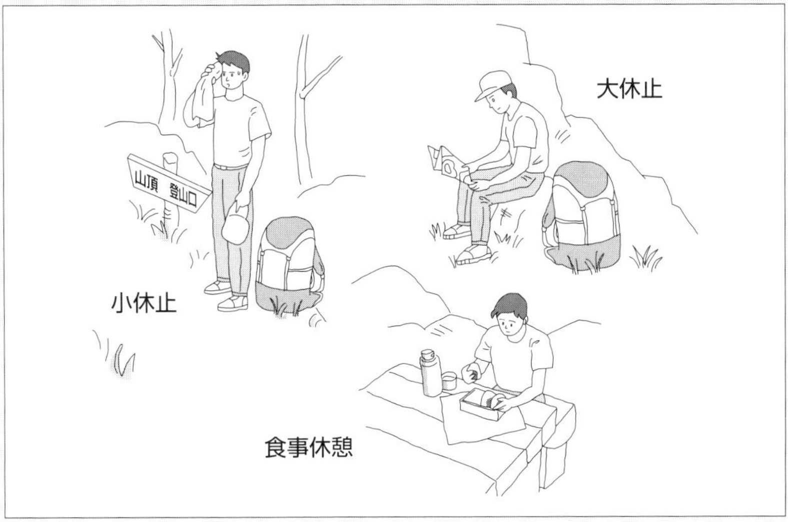

休憩中に身体を冷やさない

休憩中はレインウェアの上着を着るなどして身体が冷えないようにする。短時間の小休止であれば、ザックだけを降ろし、腰は降ろさずに立ったまま休憩すると脚の冷えを防止できる

下り坂の歩き方

中高年に多い「下りが苦手」

山歩きの中で、「下りが苦手」という人は多い。特に中高年に多く、若い人は比較的少ないものだ。苦手の原因第一はバランス感覚の衰え、または未発達にあるようだ。若い人でも女性は苦手組も少なくない。しかし、苦手では済まされないのがこの下り坂。登山中の転倒、滑落事故の多くが下り坂で発生しており、安全な山歩きを楽しむためにも、下り坂の苦手意識は、なんとしても克服しておきたいところだ。

斜面でも正しい姿勢でバランスを保つ

力まかせに登ることができる「登り」では判りづらい経験や力量の差が、「下り」では顕著になる。経験豊富な登山者と、初心者の違いが一目で判ってしまうのが下り坂の歩き方だ。

初心者の歩きを見ると、いわゆる腰が引けた状態か、あるいは斜面とは逆に反り返ったような姿勢で、恐々と歩いていることが多い。右ページのイラストで示したように、このどちらの姿勢も足裏で斜面を捉えるための安定性が悪い姿勢である。イラストのように、重力に対して垂直な姿勢でバランスを取ることが、最も安定した正しい姿勢である。

ヒザのバネと腹筋を使って下る

下り坂でも登りや平坦な場所と同じように、静かな動作で歩を進める基本に変わりはない。ドタバタと体重を投げ出すような歩きは、危険なだけでなく足腰の故障にもつながる。ヒザのバネを活かして静かに、しかも着実なスタンスをとって歩くようにする。ただ、ヒザのバネも使いすぎは禁物で、長い下りが続くような場面では、いわゆる「ヒザが笑う」という、脚に力が入らずに踏ん張りが利かない状態に陥ってしまう。

ヒザ笑いにならないようにするには、身体全体のバランスを取ってリズミカルに下ることだ。これを別の表現で言えば、「腹に力を入れて下る」という言葉になり、脚の筋肉に頼らずに、腹筋と背筋とで身体のバランスを取りながら下るのがよい、という意味である。

一歩の段差を小さくする

歩幅を小さく取るという歩行の基本は下り坂でも同じだが、水平方向の歩幅に対して垂直方向の歩幅、すなわち次の一歩までの段差（高低差）を小さくすることである。段差が小さければ、足やヒザに掛かる負担も少なくてすみ、また、身体全体のバランスも崩れにくく、体力の消耗も抑えることができる。

小さい段差を見つけながら歩くことは、下りだけでなく登りでも大切なことで、登山道のどこを歩くのが一番楽かを探しながら歩くのポイントだ。

また、登山道に道幅がある場合には、スキーのスラロームのように、道幅をフルに活かし、動線をジグザグに描いて下るとバランスよくリズミカルに下ることができる。ただし、登山道の荒廃や周辺の植生にダメージを与えないように歩くようにしたい。

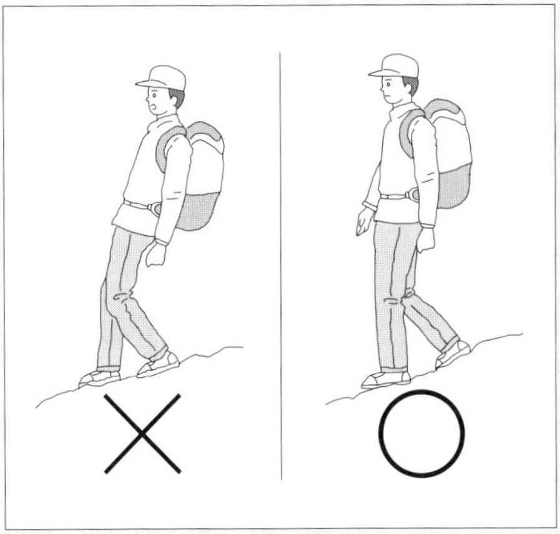

正しい姿勢で下る

腰の引けた状態は危険。バランスが悪く体勢が崩れやすくなり、転倒、滑落の危険がある。下り坂の斜面では正しい姿勢を維持し、「へっぴり腰」にならないようにする

腹筋でバランスを取る

ヒザや脚に頼った歩き方では、長い下りが続けくと「ヒザが笑う」状態になって危険。腹筋を使って身体全体のバランスを取り、段差の少ない場所を探しながら下るのがコツ

ジグザクに下る

幅広の登山道では、スキーのスラロームの要領で、動線をジグザグに取って歩くと、リズミカルに下ることができる。

急坂や濡れた斜面を下る

赤土の急斜面を下る

赤土の露出した登山道や斜面が滑りやすい。雨の日ばかりではなく、晴天が数日続いた後でも、湿り気を蓄えやすい赤土に足を取られて、滑るようにして転倒してしまうことがある。特に深い樹林帯で日陰になった場所では、表面が乾いているように見えても、その下の部分は湿っていることがあり、足を載せた瞬間に滑ってしまうので要注意だ。滑りそうな場所では、身体を斜に足を横向きにして下るとよい。体重を山側に残しながら体重移動することで、滑りにくくなり、また滑ったとしても転倒に至る前にバランスを制御しやすい。

赤土と同じように、露出した木の根や、丸太に付着した落ち葉なども濡れていると足を取られることになる。なるべく足を載せないように注意し、載せる場合でも不用意に載せてしまうことのないようにしたい。

また、濡れた急坂を下っていれば、一度くらいは足を滑らして尻餅をつくものだ。そんなときには、雨が降っていなくても、あらかじめレインウェアのズボンを履いておくとよい。ズボンの着替えがないまま濡れた斜面で転び、泥だらけになってからでは遅い。

ストックを有効に使う

濡れて滑りやすくなった急斜面を下るのに、1本のストックがあるとないとでは大違いである。一般的な1本（シングル）での使い方で説明すると、下り坂では登りのときよりもやや長めに調整して使うようにする。そのときに、長く繰り出し過ぎないようにすることが大切だ。急な下り坂で登山道や斜面が濡れている場面でストックを使うときも、斜面に対して正しい姿勢を維持する基本に変わりはない。この基本を守った上で、ストックの支点をバランス保持の補助的な支点として使うようにする。

初心者によく見かけるのは、下りだからといってストックの枝を長く繰り出して、自分が立っている位置よりも下方にストックの支点を置いて、ストックに頼りすぎて下ろうとしていることだ。ストックに頼りすぎると、かえって身体のバランスが取りづらくなり、転倒や体力の消耗につながる。濡れた急坂でも、身体のバランス保持の基本を守ることが重要だ。

上手な転び方

もちろん転ばないことにこしたことはないが、転び方にも上手、下手があることも覚えておきたい。濡れた斜面でスリップするようなかたちで転んだ場合、ちょうど公園の滑り台を滑るような姿勢のまま止れればよいが、滑った瞬間に左右どちらかに姿勢を崩し、肩やザックの重みが斜面側に流れると、急斜面の途中で身体が回転してしまう。こうなると非常に危険な状態で、頭を下にして斜面を滑って行くことになり、即座に姿勢を正すことができなくなってしまう。そうなる前に両手を付いて、姿勢が崩れないようにすることが大切だ。

濡れた急斜面でのストックの使い方

下り坂では、ストックの支点を自分より後ろに突くようにする。前に突くとバランスを崩しやすい

上手な転び方

急坂で足を滑らせた時には、尻もちをつくような姿勢で転ぶ。身体が左右に振れると頭から滑落して危険

三点確保

安全に難所を進むためには

岩場などの危険箇所の通過は、普通の登山道しか経験のない初心者にとっては、まさに難所で、取り付く前に、怖さが先に立ってしまう人も少なくないだろう。もっとも、登山道の整備された中低山であれば、コース上に岩場があっても、クサリやロープ、ハシゴなどが設置され、ほとんどの場所で、慎重に進めば初心者でも無理なく通過することができる。むしろ不必要に怖がって身体が強張ることの方が危険だ。歩行技術でいえば、難所通過の基本「三点確保」を忠実に実行できるようにし、自信を付けておくことが大切だ。

三点確保の技術とは

主に岩場の登下降などの危険箇所で、両手両脚を使って安全確保しながら進む技術を「三点確保」または「三点支持」という。険しい岩壁をよじ登るロッククライミング（岩壁登攀）も、この三点確保を基本技術とすることでは同じであり、最も重要な登山技術の一つである。

普通に登山道を歩いているときには、両足（2点）で身体を支え、同時に2点を駆動することで前に進むが、2点（両足）だけでは身体のバランスが取れない場所では、両手の2点も加え、4点をフルに使って安全を保ちながら進む。これが三点確保の基本的な考え方。もちろん、4点で確保したままでは前進できないので、実際には両手両足4点のうち1点をだけを動かして次の安全なスタンス（足場）、または手がかりを探る。順次この動作を繰り返して進むが、ポイントは、動かすのは必ず1点（片足または片手）だけで、残りの3点で安全な姿勢を確保するわけだ。

三点確保と同時に正しい姿勢を保つ

三点確保で岩場を登る場合、重要なポイントとして姿勢の取り方がある。右ページのイラストにあるように、岩場の途中で三点確保を行っている時に、身体を岩に近づけ過ぎると、足場の安定が失われて滑りやすくなる。また同時に、眼の位置が岩に接近していることで、進むべき方向の視界が狭められることにもなる。

最初はどうしても怖さを感じてしまうかも知れないが、4点でしっかりと立ち姿勢が確保できていれば、両手で少し岩を押すようにして身体を岩から離すと、思いのほか大きく視界が広がり、次の手がかりや足場も見つけやすくなる。また、次の支点（手がかりや足場）を探る時には、その場所が安定した安全な支点かどうかを見極めることが重要である。手がかりであれば、岩に触れて少し揺するように力を加えてみて、安定した岩であること確認する。足場であれば、一気に体重を預けるのではなく、3点での確保を維持したまま、試しに押すようにして足を乗せてみる。

初心者が初めて実際岩場やクサリ場で三点確保を行う場合は、経験者に足場や手がかりの位置を指示してもらうのが安心だ。

三点確保を覚える

三点確保の基本は、両手両足4点の支点のうち1点だけを動かし、残りの3点で常に安全な姿勢を確保すること

岩にへばり付かない

身体が岩に近づき過ぎていると、周囲の視界が狭くなり、次の支点が見つけにくい。また、足場の安定感も悪くなる。岩を両手で押すようにして身体を立てるのが正しい姿勢

×

○

クサリ場・ハシゴの通過

難所の通過

初心者が山を選ぶ場合に、クサリ場など危険箇所がコース上に有るのか、無いのかを問題にすることがある。入門者であれば別だが、幾つかの山を経験した人であれば、無闇に危険箇所を避けるのではなく、基本的な歩行技術・通過のポイントを踏まえた上でチャレンジしてもらいたい。

クサリ場通過のポイント

クサリ場というと直ぐに岩場を連想しがちだが、クサリが設置されているのは必ずしも岩場だけとは限らない。左右がスッパリと切れて、断崖に落ち込んでいるヤセ尾根の危険箇所や、ガレ場の崩落地などにもクサリが置かれている。登山ガイドブックや登山地図などで、「クサリ場注意」などと表記されているのは、主に岩場の登下降のルートを示すと同時に、安全対策として設置されたものを指している。

クサリ場通過のポイントは、岩場の登下降でも水平に移動（渡る）する場合でも、「クサリに頼り切らない」ことである。クサリにしがみ付くように進むのは危険。万が一クサリに不備があれば、一気に転落してしまう恐れもあり、また、身体の姿勢が崩れることで足を滑らす危険もある。クサリはバランスを取るために軽く手を添える程度にし、基本的には前項で解説した三点確保の技術を実践するようにする。クサリの代わりにロープや針金を使っている場合もあるが、基本的な注意点はクサリと同じである。また、クサリをつかむ前に、クサリがヨレたり弛んだりしていないかを点検し、必ず一人ずつ取り付くようにする。クサリ場に慣れていない初心者は、ベテラン同行者がいるなら、後ろから自分の動きを見てもらい、次の動作を指示してもらうと、安心できるだろう。

クサリ場からの転落

クサリ場のような危険箇所では、誰もが気を付けて歩くので意外に事故は少ない。しかし、いったん事故が起きれば深刻な結果を招く場所でもある。事実、近年になって夏山を中心に、クサリ場からの転落・死亡事故も散発しているという。

クサリをつかんでさえいれば、たとえ足を滑らせても大丈夫、と考えるのは誤りで、まともに滑ったり足場を踏み外した場合、その十中八九はクサリから手が離れて、滑落してしまう。自分の体重とザックの荷重、さらに転落の加重がプラスされた衝撃に耐えられない、ということを覚えておきたい。

ハシゴ登下降のポイント

ハシゴが設置されている場所は、クサリ場よりも傾斜が急な岩場など、より通過が困難な場所であることが多い。しかし実際の通過はクサリよりもハシゴの方が容易である。右ページのイラストで示したように、ハシゴのつかみ方に注意し、足も滑らないようにしっかりと乗せ、三点確保の要領で一人ずつ登下降する。

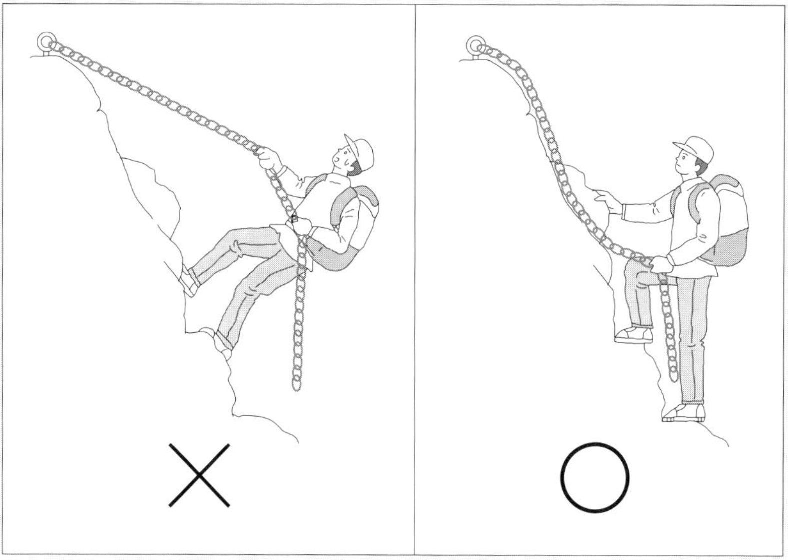

クサリに頼らない

クサリ場通過のポイントは「クサリに頼り切らない」こと。クサリ（ロープ）には、片手を軽く添える程度にして、三点確保の基本を守って進む

手はステップを握る

ハシゴの登下降でも三点確保が基本。足を滑らさないようにしっかりとステップに置き、手は階段のステップを握るようにする。また、特に木製のハシゴなどは濡れている場合には滑りやすく、また壊れかけている場合もあるので注意しながら利用する

ガレ場、丸木橋の通過、沢の徒渉

ガレ場の歩き方

ガレ場は崩落した岩石が岩クズになってゴロゴロとしている斜面で、踏み固められて安定した樹林帯の登山道と比べると、非常に歩きにくい場所である。すぐ近くには崩落の進む岩壁や切り立った山肌が迫り、歩行そのものよりも、むしろ周囲の状況に注意すべき場所。落石や土砂崩れの危険に配慮して、速やかに通過するようにしたい。

また、広く開けたガレ場の中を進むように登山道が付けられている場合、明確な道や踏み跡もなく、どこを歩いてよいのか判然としない場所もある。このような場所では濃霧や荒天時に迷いやすい。石を積んで目印としたケルンや、岩にペンキで描かれた丸印や矢印を見落とさないように歩く。歩き方のポイントは、浮石に足を取られないように注意することと、傾斜が急な場所では石を蹴ったり落としたりしないようにすることだ。

丸木橋などで沢を渡る

登山口から沢伝いに谷を詰めていくようなコースでは、右岸から左岸へ、左岸から右岸へと、沢の流れを何度か渡りながら進んでいく場合がある。普段の水量も少なく流れの浅い沢であれば、しっかりとした橋が架けられていることは稀で、跳び石伝いに流れの狭まった箇所を渡るか、流木の丸太を架けただけの「丸木橋」や、ハシゴ状に木組みされた簡単な橋を渡ることになる。特に表面が丸い丸木橋は、濡れていることも多く、慣れないといかにも滑りやすそうに見える。安全に渡るコツは、足元ではなく3〜4m先に視線を置いて速やかに歩く。足元ばかり気にしているとバランスを崩しやすい。また、丸木橋のほとんどは3〜4m程度の長さ、この程度の水流であれば、ほとんどの場所で跳び石伝いでも渡ることができるはずだ。丸木橋にこだわらずに、落ち着いて周囲を見回して徒渉点を見つける余裕がほしい。

沢の徒渉

中低山の一般登山道であれば、丸木橋や飛び石などの徒渉ポイントが判らないようなコースは、ほとんどないと思われるが、雨天の続いた後などで増水した流れに隠されてしまうこともある。その場合には沢幅の広がった、底の見える場所を探し、靴を脱いだ足で沢底をスリ足し、流れに逆らわずに、下流に向けて斜めに渡る。

夏の夕刻に雷雨は付きモノ

沢沿いのコースで注意しなくてはいけないのが、集中豪雨による急激な増水である。丹沢・玄倉川の中州でキャンプをしていた人たちが濁流に飲み込まれていったことは、当時のニュース映像とともに、記憶している人も多い事件だろう。真夏の午後に発生した積乱雲は、落雷を伴った集中豪雨をもたらし、幾筋もの沢が流れ込む谷あいの河川では、静かな清流がわずかな時間で恐ろしい濁流に変貌する。夏の夕刻には雷雨が付きものと考え、早めの下山を心がけたい。

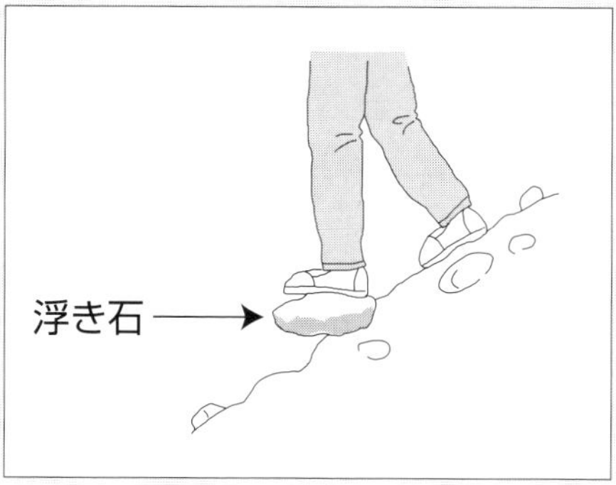

ガレ場は浮石、落石に注意

ガレ場では浮石に乗って転倒しないように歩くと同時に、周囲からの落石を警戒して、早めの通過を心がける。また、広いガレ場では、濃霧などで方向を見失わないように注意する

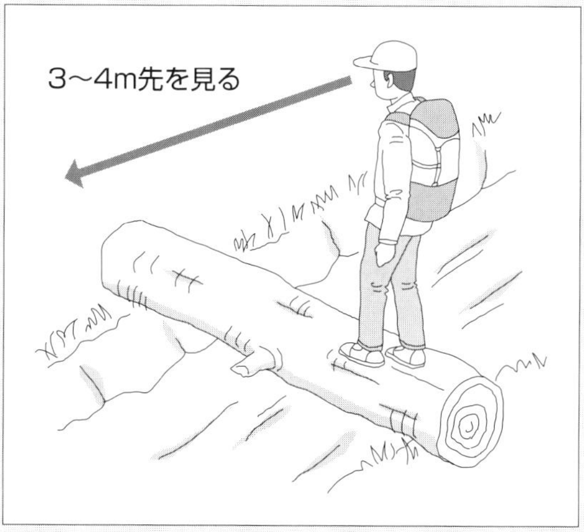

丸木橋では足元を見ない

丸木橋を渡るコツは、足元を見ないで3〜4m先に視線を置いて渡ること

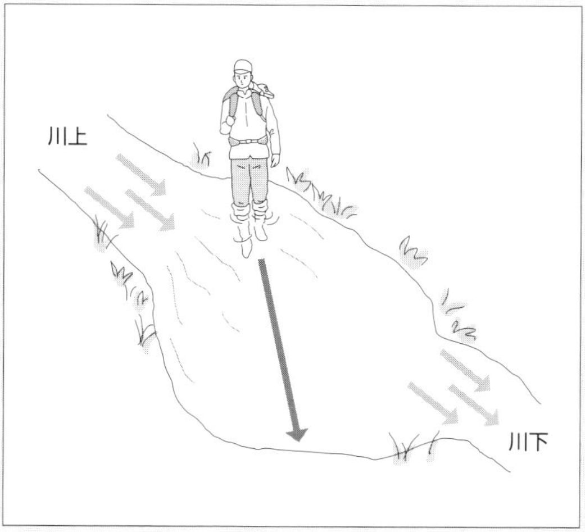

水がヒザ上なら徒渉は危険

徒渉は沢幅の広がった浅い場所で、下流に向って斜めに渡る。ただし、水深がヒザ上になるようなら危険と判断する

道迷いを防ぐ

登山口で多い間違い

登山道を間違えて歩いてしまう「道迷い」は、間違いの大小を別にすれば、入門者からベテランまで実に経験者の多いトラブルである。間違えたことにすぐ気付けば、大した問題にはならないが、気付かないまま間違ったルートを進んでしまい、時間と体力を使ってしまえば、計画の見直しを迫られることにもなる。

道迷いで意外に多いのが、登山口での間違いである。登山口となっている所は、一つの山だけの登山口である場合もあるが、周囲にある幾つかの山の登山口を兼ねている場合も多い。バスを降りた勢いで、他の登山者も自分と同じ山を目指すものと勘違いし、後を付いて歩き出してしまうと大きな間違いとなる。たとえ一つの山だけの登山口であったとしても、山頂を目指すコースが複数ある場合も、同じ間違いが起りやすい。

また、電車やバスを降りて、山間の集落を抜けてから登山道に入る場合なども、登山道の始まる地点がわからずに、集落や、町の中で右往左往することもある。いずれも、歩き始めのはやる気持ちから、つい先を急いでしまうことが原因だが、歩き始めの最初から道を間違えてしまうと、精神的なダメージも大きい。登山口では、まず歩き始めるための身体と装備を点検し、地図とコンパスで登山道を確認してから進むようにしたい。最初の小休止は登山口で取るぐらいの気持ちが大切で、余裕をもって歩き始めるようにしたい。

間違えやすい分岐点

深い樹林帯の中で出会う分岐点も要注意だ。必ず地図とコンパスで進むべき方向と登山道を見比べて、確認してから進むようにする。道標が整備された山であれば、地図で確認するまでもなく、無事に歩けてしまうものだが、いつでもそれで大丈夫というわけではない。常に地図で現在地を確認するクセを付けておきたい。特に周囲の山容が見渡せない分岐点で、何本かの登山道が分岐しているような場所では、その場で確認するだけでなく、しばらく進んだ後に、その登山道の曲がり具合や高低、周囲の地形が地図と合致しているかどうかを確認する。「正しいと確認した」と思い込むのも、また危険なことなのだ。

山頂から降りる時にも注意

道迷いは登りよりも下りで起りやすい。特に何本もの登山道が集中している山頂から、下山口を目指して下降する時が要注意である。小広くなった山頂で、山頂から派生する明確な尾根や、周囲の峰が霧や雨で見えない場合などは、方角を取り違えて、間違った登山道を下ってしまうことがある。山頂部が広い山で濃霧に遭うと、正しい下降路を探すのに、ベテランの登山者でも意外なほど手間取ることがある。下降路の入口にある道標で確認できる場合はよいが、道標の立つ位置と下降路の入口（下降点）が離れている場合は、周辺に別の下降路がないかを確認する。

先を急ぎたくなるのが登山口だが、ここで小休止するくらいの余裕が、安全な山歩きにつながる

分岐点での確認

分岐点では道標の有無にかかわらず、必ず地図とコンパスで現在地と進むべき登山道を確認する

山頂からの下降

登山道が集中している山頂では、濃霧や雨天で展望が利かないと、下山の際に道を間違えがちである。特に山頂広場の中央にしか道標がない場合は、下降路を取り違えてしまったり、獣道に迷い込んだりしがち

ストックの使い方

ストックの種類

現在国内の山で使われているストックには、握り部分がT字型の物と、スキーストックと同様の物と、形状から分けて2種類の物がある。双方ともに「ストック」と呼称されているが、握り部分がT字型の物を「ステッキ」、スキーストック様の物を「ストック」というのが、より正確な名称だ。(※本書の解説文では、一般的な呼称としてストックを使っている。)

もともとの使い方としては、2本同時に使う場合はストックを、1本のみならステッキを使うのが正しい。国内の山歩きで見かけるのは、①1本のステッキを使う、②1本のストックを使う、③2本のストックを使う、の3種類の使い方を見かける。いずれの使い方も間違いではないが、正確には①か③の使い方が正しく、②は海外ではあまり見られないようだ。

2本同時に使うことを前提としている外国製のストックは、右手用、左手用の別があり、専門店の店頭にある物をよく見ると、1本ずつで売られていても(R)、(L)とシールで左右の別を標示されている場合がある。右手用と左手用ではストラップの取り付けが微妙に違うので、1本で使う場合の購入時には注意が必要だ。

ストックの使い方

1本(シングル)で使う場合も2本(ダブル)であっても、身体のバランスを保つための補助としての使い方は同じ。両脚2本の支点だけで歩くよりも、ストックを加えた3本または4本の支点を持った方がバランスは採りやすい。バランス保持では、あくまでも両脚の支点と身体全体でバランスをとることを基本として、ストックは補助的な支点として使うようにするのがよい。特に雪渓の残る山や長い下りを含むコースでは、正しく使うことで体力や筋力の消耗をセーブし、バランスを保つための有効な道具となる。

長さを調整して使う

ストックの長さは、自分の身長や腕の長さに合わせ、ほぼ骨盤の張り出した辺りに握り部分がくる様に調整し、登りは短め、下りでは長めにして使う。登り下りにかかわらず、長めに調整してしまうとストックに頼り勝ちになり、取り回しもしづらくなるので、若干、短めにした方が使いやすい。

1本で使う場合はバランス保持が主体だが、2本で使うときにはそれに加えて、身体を前に進めるための駆動力としても使う。脚力を補助するために腕力を積極的に使うことになり、腕力に自信のない人には不向きな使い方となる。

ストックを使った支点の採り方は、両脚とストックがV字型(1本)に置かれるようにし、リズミカルに繰り出すようにする。また、急斜面のガレ場では谷側にストックを突いてバランスをとる。ガレ場や岩場以外であればよいが、無闇に登山道以外の場所に支点を突くことは植生保護のためにひかえたい。

ストックには2種類ある

一般的には総称してストックと呼ばれているが、正しくは1本で使う「ステッキ」と2本セットで使う「ストック」に分けられる

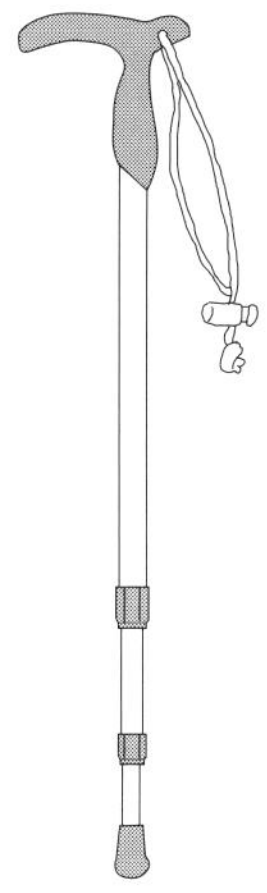

ステッキ

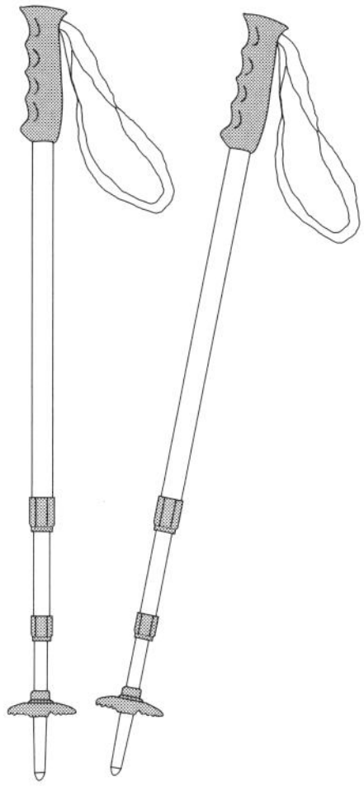

ストック

2種類の使い方

バランス保持が主体の使い方となる1本のステッキに対して、2本使いのストックでは、腕力を積極的に駆動力補助とする要素が加わる

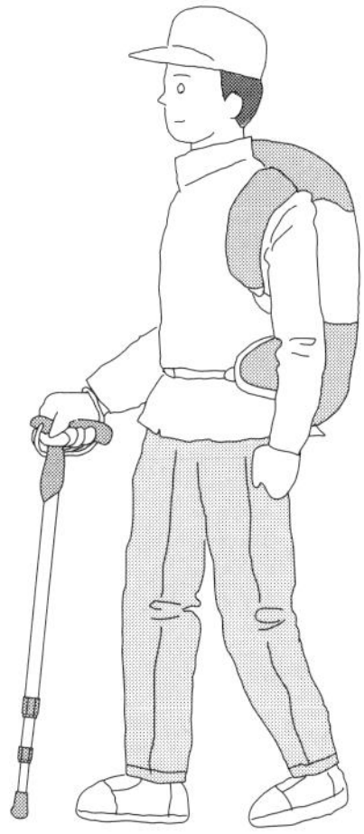

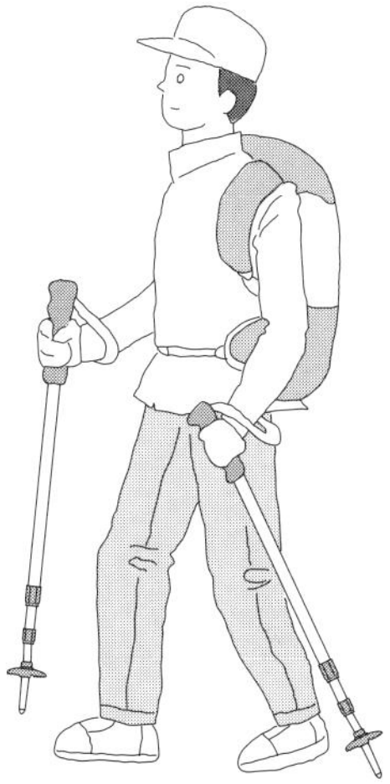

山歩きの基本マナー

気持ちよく山を楽しむために

山歩きのマナーやルールといっても、それほど特殊な約束事が多くあるわけではなく、基本的には一般的な常識の範疇で対応できることがほとんど。大切なことは、人に迷惑や不快な思いをさせないで山歩きを楽しむことだ。

山歩きのマナーで、誰でも最初に思いつくのは「挨拶」だろう。すれ違う登山者同士が「こんにちは」と声を掛け合うのは、見ていても気持ちのよいものである。ごく自然に行えばよいもので、深く考えたり、必ず声に出して挨拶しなくてはならないというものではない。小中学生の集団登山などの団体とすれ違うと、それこそ何十回も挨拶を返さなくてはいけないことになる。特に苦しい急登の最中であれば、1回の挨拶も苦しいもの。こんな時には、声を出すことにこだわらずに、軽く手を挙げるだけで、充分に挨拶の意思は伝わるものである。

また、人に迷惑を掛けないということで言えば、大きな音量でラジオを聴きながら歩いている登山者を見かけることがある。はたして、どのような考えでラジオを聴きながら山歩きしているのか、理解に苦しむところだが、これなどは、はなはだ人迷惑なのでやめてほしいものである。クマ避けのためにラジオを鳴らしているつもりなら、ザックに鈴を付けるなど別の方法があるはずだ。多くの登山者が山の自然を味わいながら歩いている場で、人口的な音を周囲に撒き散らすことが、マナーに適ったことだろうか？

落し物と遭難者

北アルプスで沢を下っている時に、ザックカバーとレインウェアの上着を拾ったことがある。上着には氏名が書かれていて、真新しいものであるにもかかわらず、ところどころが裂けている。同行者とも相談し、最寄りの山小屋に落し物として届けた。後にそれは、氏名から行方不明者の持ち物であることがわかり、沢の上部から遭難者が遺体となって発見された。落し物を届けたことが発見につながったかどうかは不明だが、不自然な物を見かけたときに、届け出るのもひとつのマナーかも知れない。

登り優先のルール

登山道の多くは人ひとりが歩けるほどの道幅しかない。そんな場所ですれ違う登山者がいた場合は、登り優先が原則で、下りの登山者は道を譲るのがルールだ。道を譲る時には、谷側などの危険な場所は避けて通過を待つようにするが、これもケースバイケースで、その場の状況に合わせて、臨機応変に対処した方がよい。

たとえば、自分が登り側で下山者とすれ違う場合、急登であえいでいるようなときには「どうぞ」と一声かけて、先に通ってもらう方が楽だ。また、クサリ場やハシゴなど、一人ずつしか通行できない場所では、しばしば順番待ちで人が渋滞してしまう場合がある。そんな場面では「登り優先」を主張するのではなく、ゆずりあって交互に通行するようにしたい。

特別なことではない「山のマナー」

ほかの登山者に迷惑をかけず、不快な思いをさせないという常識があればよい。対向者との挨拶や登り優先のルールは、原則を守りつつも臨機応変に対処したい

地図の種類

地図選び

山歩きに必ず携帯しなければならないものの一つに「地図」がある。一口に地図と言っても様々な種類の地図があり、目的や用途によって使い分けなければならない。

最近は道路地図や都市地図の内容がかなり詳しくなっており、書店でも一番目につきやすい場所に置かれている。これらの地図は、一般の人が日常生活で利用しやすいように作られており、町名による色分けや信号名・ビル名の記載など、都市部で使用するには大変便利だ。しかし、人口が少ない山間部については縮尺も小さくなり、記載の内容もかなり省略されている。また、何よりこれらは大きく、重いので、山で持ち歩くには不向きだ。

一枚ものの地図には、全国各地の都市地図や分県地図のほかに「〜山」などと題された登山地図がある。また、大きい書店ではこれらの他に、国土交通省国土地理院発行の「地形図」を扱っている店がある。登山やハイキングには、この一枚ものの地図のうち、地形図か登山地図が最も適している。

地形図と登山地図

地形図と登山地図はどのように違うのだろうか。国土地理院の地形図は、国の機関が実際に全国を測量して作製した地図で、前述した都市地図や道路地図の元になっているもの。

地形図は、その名のとおり「地形」が詳しく分かることを目的に作られている。国土地理院発行のものには1/2500・1/5000・1/10000・1/25000・1/50000の5種類があり、実際の測量と航空写真によって地形や集落、道路、河川などが正確に示されている。中でも1/25000と1/50000地形図は日本全国をカバーしており、多くの用途で利用されている。多少着色されているものの、普通の地図に比べるといたって地味に見える。初めて見る人には少し分かりにくいかもしれないが、地名が記載されている他は、一面に細い線が引かれている。これは等高線と呼ばれている線で、これにより地形の起伏を表している。また、各所に色々な記号が記載されているので、ちょっと難しそうにも感じられる。これに対し、登山地図は非常に見やすく作られている。この地図は地形図と都市地図を合わせたようになっており、最大の特徴は、一般的な登山ルートが分かりやすく示されていることである。登山口から山頂までのコースが数種類紹介され、各コースには登り下りの所要時間や見晴らしの様子、勾配の状態など細かい情報が多く記載されている。全体が着色されているものの、等高線も分かるようになっている。標高による色分けや陰影の有無で、初心者にも全体的な地形の把握がやさしく、非常に使いやすい地図と言える。ただ、注意しなければならないのは、地形も道路情報も変化するものであるし、コースタイムも個人によって差がある。したがって、記載されている事柄が常に正しいとは言い切れない。使用する場合は最新のものが望ましいし、記載された情報はあくまで目安と考えた方がいいだろう。

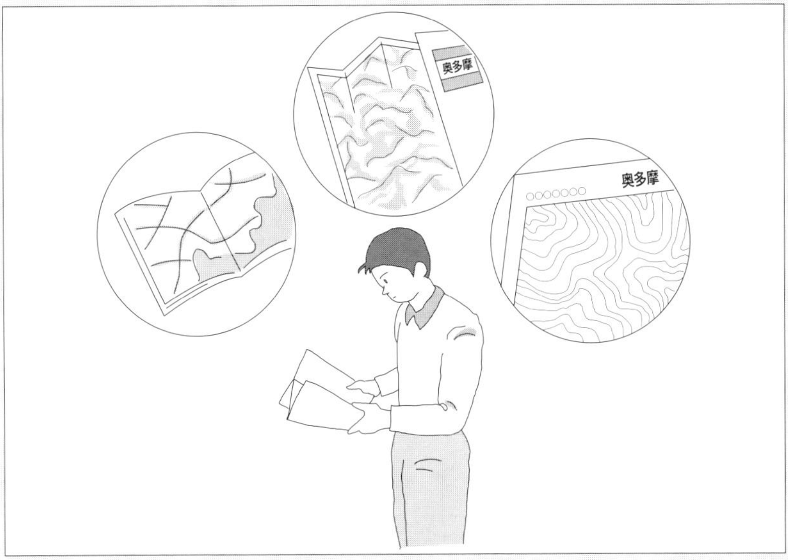

使用目的で地図を選ぶ

地図は使用目的に合わせて作られている。山歩きには登山地図か、国土地理院発行の地形図が適している

2万5000分の1地形図も見る

様々な情報が盛り込まれた登山地図と、地形が詳しくわかる1/25000の地形図を併用して見るのがよい

地図の読み方①

地図を読む基本

地形図や登山地図など見たこともないという人は、実際に購入して登山に使用する前によく見てみよう。通常はどの地図にも、隅の方に方位を示す矢印が記載されている。これは方位磁針といい、地図上の東西南北を表す記号である。登山地図などでは、方位磁針は大きく見やすいようにデザインされている。国土地理院の地形図にはこうしたデザイン化された方位磁針はなく、右下に「真北」「磁北」と書かれた矢印だけが示されている。この場合は真上を指している「真北」が北と考えてよい。

方位磁針の近くには縮尺が示されている。1/25000ならば、地図上の1cmは実際の距離が250メートル、1/50000ならば地図上の1cmは実際の500メートルになる。さらに、地形図にも登山地図にも、地図上に使われている記号の意味が余白に記載されている。これらすべてを一度に覚える必要はないが、少なくとも自分が通るコース上にある記号は覚えておいた方がよい。特に、三角点や電波塔、広葉樹、針葉樹、崖の種類、市町村境界線などは、頻繁に現れる。

等高線の意味

山の地形は大きく分けて尾根と谷である。山歩きは数時間のうち、これらの地形を何度も歩き渡らなければならない。したがって、これから自分がどんな場所を歩くのかなど、コースの状態を前もって知っている方がよい。あらかじめ地形が頭に入っているとバテないともいわれるし、道に迷った場合などは、これにより素早く対応できるはずだ。

地形図から地形を理解することを「地図を読む」と言うが、これにはやはり等高線が明確な国土地理院の地形図か登山地図に限る。では、等高線とはどういう性質を持っているのだろう。まず、縮尺が1/25000と1/50000地形図では、その情報量に差があることを知らなければならない。

等高線をよく見ると、太さの違う二種類の線があることに気が付く。太い線を計曲線、細い線を主曲線という。計曲線、主曲線の引かれる間隔は、地形図の縮尺によって異なる。1/25000の場合、計曲線は50メートルごと、主曲線は10メートルごとに引かれる。これに対し、1/50000の場合は計曲線が100メートルごと、主曲線は20メートルごとに引かれている。「情報量に差がある」というのはこの等高線の性質のことで、1/25000地形図の方がより詳しく地形を表現できるのである。10メートル、20メートルと言ってもこれは垂直の高さのことで、距離ではない。たとえば、主曲線が4本引かれているとすれば、1/25000ではその間隔は30メートルだが、1/50000では60メートルを意味している。

また、等高線は同じ高さを結んだ線なので、上下の線が交差したり、一本の等高線が螺旋状になったりすることはない。どこかで必ず連結する性質を持っている。

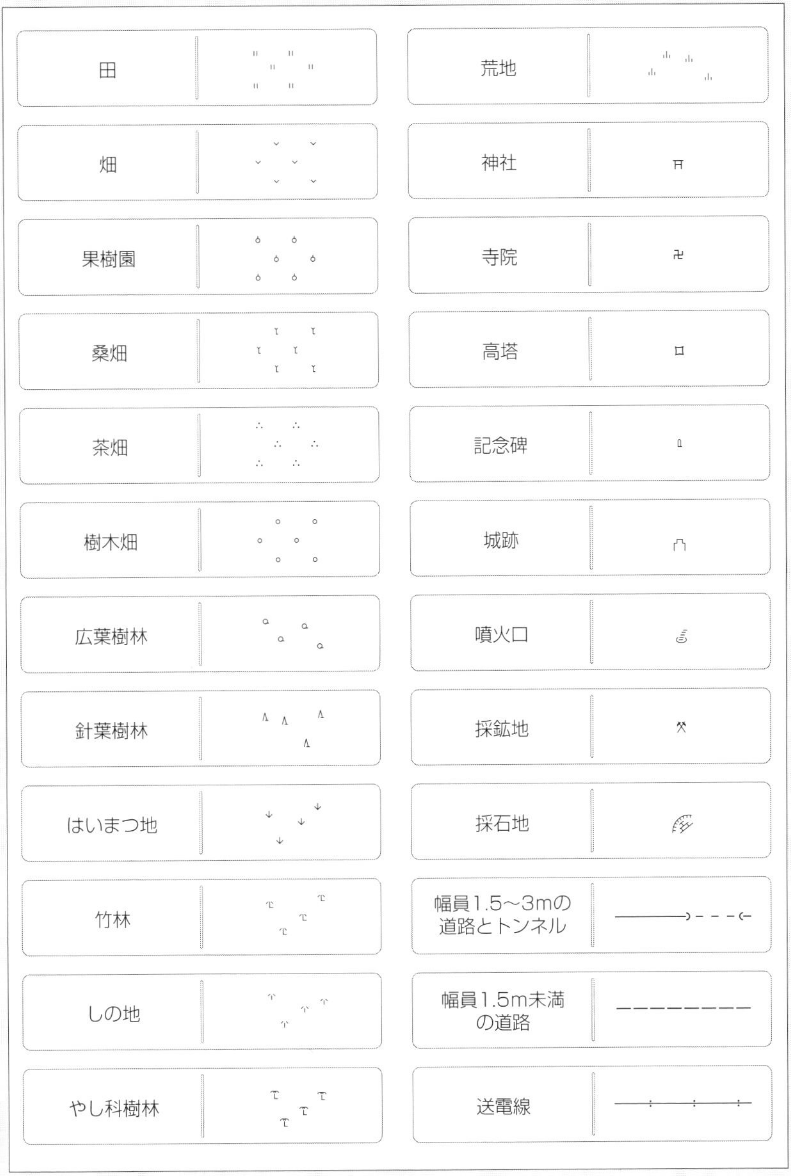

田
荒地
畑
神社
果樹園
寺院
桑畑
高塔
茶畑
記念碑
樹木畑
城跡
広葉樹林
噴火口
針葉樹林
採鉱地
はいまつ地
採石地
竹林
幅員1.5～3mの道路とトンネル
しの地
幅員1.5m未満の道路
やし科樹林
送電線

覚えておきたい地図の記号

地図の縮尺に応じた等高線の間隔や、距離の関係、広葉樹林、針葉樹林、尾根と谷の見分けなどは最初に覚えておきたい

地図の読み方②

実際の地形と等高線

地形図を見ると、等高線が重なりそうに狭くなっている所と、数センチも間があいているような場所とがある。たとえば、富士山のような地形では、頂上の等高線は小さい丸になり、標高を示す数字が書かれている。その外側には同心円状に等高線が広がり、山頂付近では間隔が狭かったが、山麓になるほど間隔が広がっていく。この等高線の違いが、地形を表現していることになる。

等高線は一定の距離における高度差を表しているのだから、その間隔が狭いということは、その場所の傾斜が急であることを意味している。逆にそれが広い場合は、傾斜が緩やかであることを表している。平坦な都市部では、建物やその他の記号が多いので等高線も見つけにくくなるが、それだけではなく、等高線そのものが少なくなっているのである。

ただし、表現できない地形もあることを覚えておかなければならない。

前述のように、1/25000地形図では主曲線は10メートルごと、1/50000地形図では20メートルごとに引かれている。では、それぞれ9メートル、19メートルといった起伏はどう表されるのだろうか。答えは「表現できない」のだ。10メートル、20メートル間隔の等高線では、それより低い起伏は表すことができないことになり、地図上では何もないように見える。

尾根と谷

山間部の地形は主に尾根と谷と考えてよいが、地形図ではどのように表されるのだろう。等高線の形状は外側に膨らんでいる場合と内側へ入り込んでいる場合がある。この、外側へ膨らんでいる場所が尾根になり、内側へ入りこんでいる場所が谷にあたる。

外側へ膨らんだ等高線をなぞってみると、頂上から伸びる尾根線が分かる。そして、尾根上に登山道がある場合は、等高線の間隔と合わせてそれが急な道なのか緩やかな道なのかが判断できる。

これとは逆に、谷を表す等高線は頂上に向かって入り込んでいる。これは「沢」と理解してもよいが、地形図上では必ずしも水流の有無が記載されているとは限らないし、水流のない沢も多いので、等高線によって谷や沢を判断しなければならない。谷から尾根へ出る場合も、その谷がどれ程の奥行きがあり、どれくらいの深さがあるのかなどが分かれば、選択するコースの参考にもなる。

「ヤ」と「タニ」

地形の場合は谷と書いて普通は「タニ」と読む。しかし、地名では「タニ」と読む場合と「ヤ」と読む場合がある。これは西日本と東日本によって大きく分かれている。一の谷・大谷・小谷など西日本では「タニ」と発音する場合が多い。これに対し世田谷・保土ケ谷・鎌ヶ谷など特に関東周辺では「ヤ」と発音する地名が多い。この理由については不明だが、もともと東日本で湿地を意味する「ヤ」という語が谷戸・谷津になり、やがて谷にも転用されたのではとの説もある。

地図から地形を推測する

地図に表わされている等高線の間隔や形から、実際の地形がどのようなものなのかを推測することが「地図を読む」こと。尾根や谷の違い、地図の特性を理解して、地図に親しむことが重要だ

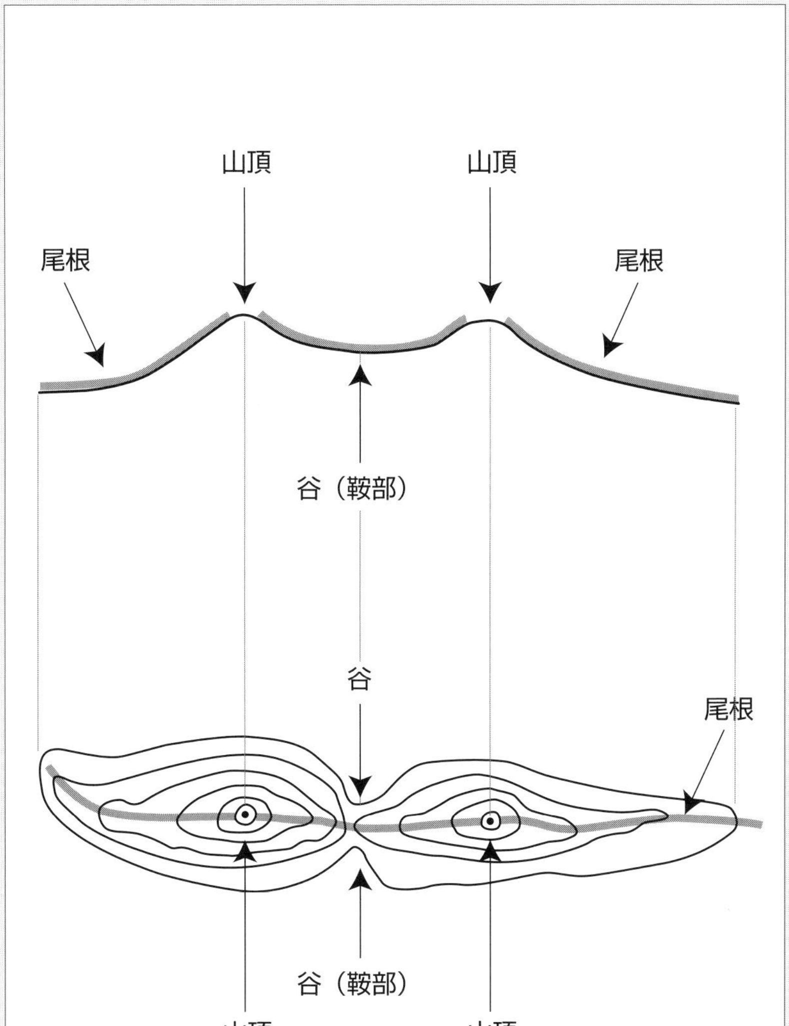

山座同定

山から山を望む楽しみ

尾根上に飛び出して、開けた展望の中に富士山の優美な姿を見つけると、なにか、ひとつ得をしたような気持ちになる人も多いはずだ。山歩きの楽しみ方は人それぞれだが、苦しい登りを経てたどり着いた山頂で360度の展望が開ければ、誰もが歓声を上げたくなるもの。

展望のよい山頂には、東西南北の方向を示し、それぞれの方向にどんな山が望めるのかを著わした「方位盤」が置かれていることがある。過去に登ったことのある山や、あこがれの山を方位盤の指し示す方向に確認できれば、大展望もまた格別のものがある。方位盤のおかげで、ただの大展望が「○○山まで見えた、○○岳も見えた‥」となって、山仲間への土産話しにも箔がつくというものだ。

展望のよい山

山頂からの展望がよい山は、標高や山容に係らず、その要素だけでも名山といいたくなるものだ。本書のシミュレーションコースとして採り上げた中でも、鍋割山（丹沢山塊と相模湾の海岸線）、両神山（秩父の山々と八ヶ岳、浅間山）、伊吹山（眼下に広がる琵琶湖）は、山頂で大パノラマが待っている山だ。もちろん、山の楽しみは展望だけではないが、眺望のよさで満足度が高くなるのも事実で、天気のよい日には、山頂方位盤の周りには登山者の姿が絶えない。見知らぬ登山者同士でも遠くに見える山と方位盤を見比べて、話しに花が咲くものだ。

山座同定とは

どの山頂にも方位盤が置かれているわけではない。また、樹林帯の中に山頂があれば、少し下がった尾根上などに展望の開けた場所があるものだ。そんな方位盤のない場所でも、地図を方位盤代わりに使って山を識別することを「山座同定」という。地図や地形図を使う簡単な方法で、展望の楽しみも倍化し、地図とコンパスに親しむことにもなる。

方法はいたって簡単で、コンパスでだいたいの方位を確かめ、地図と実際の方角を合わせながら、遠くに見えている山が、地図上のどの山に当たるのかを見定める。比較的近くの山であれば地図範囲の狭い1/25000地形図でもできるが、遠い山を同定する場合は、登山地図の裏面に掲載されている広域図や、縮尺の大きな地形図を用いるとよい。

季節的には大気中の水蒸気が少なく、高山に積雪がある冬の方が、遠方の山まで同定できる。また、時間的には日が斜めに差し、山容にコントラストが出る夕刻がよい場合もある。本格的に楽しもうと思うなら、双眼鏡があると便利。双眼鏡は倍率を抑えて視野の明るいものを選ぶとよい。

一方、地図とコンパスを使う方法の他に、コンピュータ・ソフト（カシミール）で、自宅にいながら山座同定を楽しむこともできる。そのようなソフトを使えば、あらかじめ山頂からの展望を予測することや、悪天候に阻まれて見えなかった大パノラマを自宅で再現することもできる。

山座同定の簡単な方法

コンパスの示す東西南北の方向に、地図の方向を合わせながら、実際の風景と照らし合わせれば、遠くに見える山を特定することができる

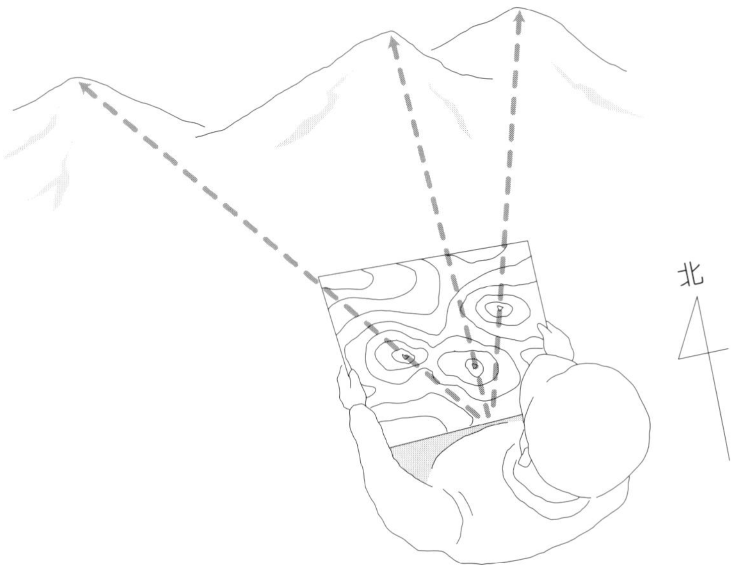

高度計の使い方

高度を知ることの意味

信仰登山が盛んであった山では、石柱や道標に「○合目」などと表記した「合目」標示がされているのをみることがある。合目標示は、山麓から山頂までの山の高さを10等分したもので、山麓の登山口を1合目として、山頂を10合目として数えるものだ。

登りで「9合目まできたから、あとひとガンバリだ」と奮起したり、下りでは「まだ5合目か‥」と疲れが出たり、と合目標示には励まされたり、ガックリさせられたりするもので、山歩きをしていると、合目表示についての思い出もひとつや二つは必ずあるものだ。同行者がいれば、合目標示の前では必ず「○合目だ」と口にしあうことだろうし、山中でこれほど注目される標示は他にない。それだけ注目されるのは、自分のいる位置が知りたいからであり、あとどのくらいで山頂に着けるのか、または下山できるのかを把握したいからだ。本書をはじめ、最近の登山ガイドブックが山を高さで捉えた「高低表」を掲載しているのもこのためだ。そんな合目表示のない山でも、道標に標高を表記している場合もあるが、いつでも知りたいときに高度を知ることができるのが高度計である。

現在の高度を知ることで、残りの高低差を把握でき、心理的にも安心でき、時間配分を考える上でも有益だ。また、地図を読みながら現在地を推測する場合にも、高度計の示す値は正確な現在地を確定するための有効な情報になるものだ。

高度計を正しく使う

一般的に標高が高くなるに従って気圧は低下する。この現象を利用して、移動（上昇・下降）によって生じた気圧の変化を測定することで、相対的に高度を割り出すのが高度計である。現在販売されている高度計は、そのほとんどが、国際民間航空機関（ICAO）が定める国際標準大気（ISA）の基準を採用して、相対高度を示すようになっている。国内の山歩きに使用する「高度計」は、気圧と高度のみを計測する単体の高度計よりも、腕時計に機能が内蔵されたものが主流。比較的安価で多機能なスポーツウォッチが普及したことで、登山者の利用も多くなっている。

普及はしたものの正しく使いこなしているかというと疑問。よく聞くのが「高度計が狂っている」という話。高度計が高度を割り出すのに、気圧計の計測値を利用して相対的に高度を割り出しているため、基準となる気圧の変化で誤差が生じる。この仕組みを理解していないことから、調整を行わずに「狂っている」と思うケースだ。

気圧が変化する要因は、高度のほか天候の変化があり、同じ高度の場所に留まっていても、低気圧・高気圧の接近などで大気圧が変化すれば、高度計の値も変化する。従って、登山口や山頂など正確な標高がわかる場所では、高度計の値を確認し、誤差を修正しながら使う必要がある。また、修正方法を忘れても、正しい高度がわかれば、誤差の値もわかる。

高度と気圧の関係

国際標準大気では、図のように100m高度が上がると、気圧は9～12hPa（ヘクトパスカル）下がるとされている

高度	気圧	
6,000m	472hPa	100m毎に約6.7hPa
5,500m		
5,000m	540hPa	100m毎に約7hPa
4,500m		
4,000m	616hPa	100m毎に約8hPa
3,500m		
3,000m	701hPa	100m毎に約9hPa
2,500m		
2,000m	795hPa	100m毎に約10hPa
1,500m		
1,000m	899hPa	100m毎に約11hPa
500m		
0m	1,013hPa	100m毎に約12hPa

高度計の誤差を調整する

高度計を正しく使うためには、正確な標高のわかる地点で、誤差を修正しておく

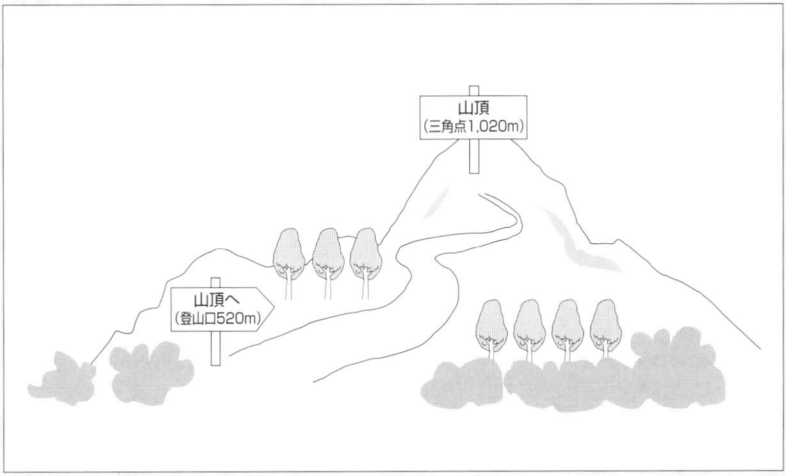

空模様を見る（観天望気）

空模様に敏感になる

山歩きで気になるものは天候である。誰でも雨の中を歩くよりは、晴れ渡った空の下で山を楽しみたいもの。曇り空の中を歩き始めれば、雨に降られず一日歩けるかどうかが気がかりになるのものだ。天気予報も細かいエリアごとの予報が出されるようになっているが、平野部の予報が主体で、変わりやすい山岳地の天気には充分に対応してはいない。

天候予測については、天気図から気圧配置を読むことが基本だが、刻々と変化する空模様を見ることでも、大まかな天気の移ろいを予想することができる。それが「観天望気」といわれるもので、具体的には、雲の形や風の動きから天気の変化を予想するもの。観天望気には気象についての知識もある程度は必要だが、それと同時に、風向きや風の強弱、風に運ばれてくる湿気、雲の色や形とその動き、遠くの風景の見え方など、常日頃から細かな空模様の変化に注意を払うように心がけることが大切だ。

特に夏のカミナリを予想することは重要で、天気予報でも注意報が出されるが、積乱雲（入道雲）の発生や、朝の花曇りなどの前兆は覚えておきたい事柄だ。稜線上の山小屋に泊まり、空全体が白っぽく見える花曇りの中を早朝歩き始めると、太陽熱に温められた水蒸気が次第に上昇気流となって上がっていくのをみることがある。こんな日の午後はカミナリに要注意で、早めの行動を心がけたい。

空を見て早めに判断する

日帰りの山歩きが中心で、晴天を選んで歩けば、よほどの天候急変でもないかぎり、悪天候に見舞われることもない。そんな中で、最も可能性の高いのは雷雨だろう。油断していると、雨具を着込む間もなく、大粒の雨がいきなり落ちてくる。あわてた勢いで、折りたたみ傘をさす人がいるが、危険極まりない。早めに雨具を着て、安全な場所に急ぐべきだ。

観天望気の実際

観天望気の中には、「夕方西の空があかね色に染まれば、明日は晴天」や、「山頂に笠雲が掛かれば雨」といった、昔から言われてきた事柄や、気象の知識から説明される事柄などが多い。

日本では大雑把に言って西から天候が変化する。天候の変化とは、気圧配置がどのように動くかで決まるわけで、低気圧、高気圧の動きがわかれば天候の大まかな傾向を予想することができる。気圧配置の変動で低気圧が接近して天候が悪化するのか、高気圧の接近で天気が快方に向かうのかは、風の吹く方向によって判断できる。風の吹く方向が反時計まわりの低気圧に対して、高気圧は時計まわりに吹くことが多いからで、東→北・南→東の方向に風が吹いていれば低気圧、北→東・東→南の方向であれば高気圧が接近していると考えられる。また、沢音や林道を走る車の音が近くに聞こえたり、遠景の山が霞んで白っぽく見えるときには、天候は下り坂にあると判断できる。

雲に見る天候変化の前兆

雲の種類から天候の変化を知ることができる。カミナリの発生源となる積乱雲などは誰にでも識別できるので覚えておきたい

積乱雲（入道雲）

層積雲

絹積雲（うろこ雲）

笠雲

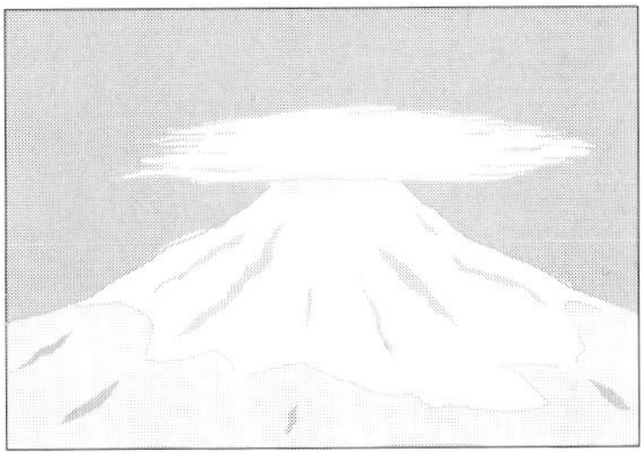

風向きで天気の傾向を判断する

低気圧　　高気圧

携帯電話の注意

携帯電話は必需品

今や携帯電話は日常生活の必需品となっているが、これは山においても同じだ。かなりの登山者が携帯電話を持って山に入っているものと推測される。実際に山岳遭難の救助要請に携帯電話が使われるケースは年々増加し、安易に助けを呼ぶ登山者のモラルが問題視されることもあるが、万が一の時に備えて持参し、正しく使えるようにしておきたい。

電源をOFFにして携行する

携帯電話は電源ON（着信待ち受け状態）では、常に最良の電波受信状態を維持するために、電話機内にあるアンテナが回転して、最寄りの電波局からの電波を捕捉し続けている。従って、一箇所に留まった状態で待ち受けしている時には電話機内のアンテナは回転しないが、移動することで一番近い電波局が変われば、アンテナはその度ごとに回転する仕組みになっている。アンテナが回転すれば、通話しなくてもバッテリーを消耗することになるわけだ。

人口の多い都市部であれば、電波局からの電波も強く、移動したとしても、それほど頻繁にアンテナが回転するわけではなく、バッテリーの消耗もさほど気にならない。しかし、山中において尾根上など遠い電波局が同じような距離にある場合は、電話機内のアンテナは頻繁に回転を繰り返して、通常ではありえないような時間でバッテリーを消耗してしまう。緊急時の連絡など本当に必要な時に、バッテリー切れで使えない、などということにならないように、山中で携行する場合には、原則として電源をOFFにしておく。また、携帯電話のバッテリーは気温の低下に弱く、寒い場所では機能が低下する傾向がある。携帯についても、街中のようにストラップで首から下げるのではなく、胸ポケットに入れるなどして保護したい。泊まりがけで出かける場合には、バッテリーの予備を持参する方法のほか、太陽電池を使った携帯用の充電器や手動式充電器も販売されている。

携帯電話の中には、防水性の高いものやショックに強い物もあるが、通常のものでは雨に濡れたり、落としたりのアクシデントには弱い。防水加工されたスタッフバックに入れてからザックに仕舞うなどしたい。

電波状態をチェックする

谷あいなど見晴しの利かない場所では、携帯電話の電波も届き難いことは知られているが、見晴しのよい尾根上でも通話可能とは限らない。山中で行動中も、尾根上に出る地点や山頂などポイントごとに、通話可能と思われる場所で電源を入れ、電波の受信状態を確かめておくと、緊急時にもすばやく対応できる。

また、注意しなくてはいけないのは、液晶画面上で通話可能状態が表示されていても、実際には通話が困難な場合があることで、実際に通話して確認するのが確実だ。

携帯電話の電源はOFFにしておく

電波局が遠方で幾つかある場合、電源ONの待ち受け状態では、電話機内のアンテナが回転し続け、バッテリーの消耗が激しい

見晴らしの利く場所で電波の入りを確かめる

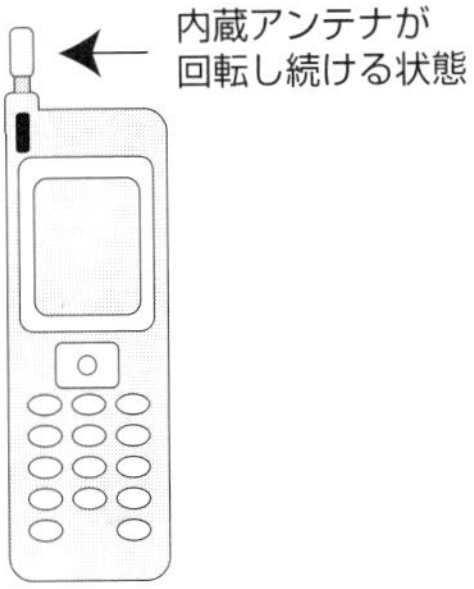

ポイントごとに電波の受信状態を確かめる

尾根上に出た場所や山頂など、コースのポイント毎に受信状態をチェックしておくとよい

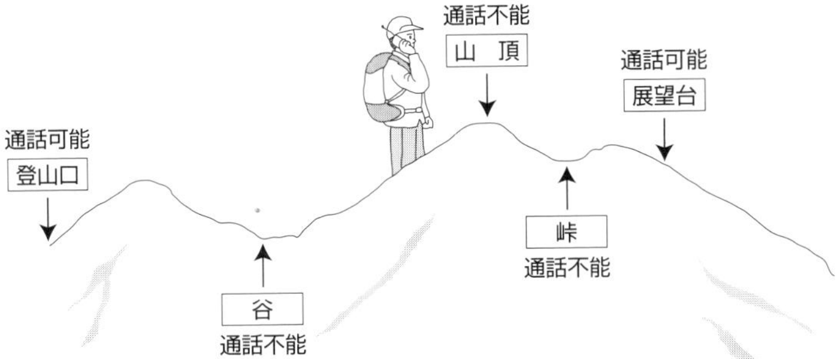

上手な水分補給

水分は何をどれだけ採ればよいのか

登山中の水分補給は、体調維持に直接かかわってくるだけに非常に大切な問題だ。水分摂取が少なければ脱水症状など危険な状態に至るケースもあり、また、その採り方もただ大量に採ればよいというわけではなく、ガブ飲みはバテの原因にもなる。正しい水分摂取の知識をもって、山行前から体調管理することが大切だ。

近年発達したスポーツ医学によると、大量に汗をかく激しい運動をする場合、その前日から大量の水分を採ることがよいとされている。しかし、スポーツ選手ならばともかく、普通の山歩きを楽しんでいる人にとっては、前日からスポーツドリンクをガブ飲みするわけにもいかない。通常の生活でも大人で1日に必要とされる水分量は2500mlとされる。2500mlというと、普段でもそんなに水を飲まなくてはならないのか、と驚く人が多いが、何もスポーツドリンクや水ばかりではなく、お茶、コーヒーや食事のときのスープや味噌汁も含めての量だ。

人間の身体は一度に大量の水分を採り込むことはできない。このために激しい運動の前日から水分を採り、筋肉の運動に不可欠な酸素を運ぶ血液中の水分量を調整する必要がある。山歩きは歩き方によって差が大きいが、発汗量や心拍数の上昇、消費カロリーや筋肉に対する負荷などから見て、激しいスポーツと考えるべきだ。特に発汗量の多くなる夏場などは、スポーツ選手に見習い、前日から水分を多めに採るようにしたい。

登山中の水分摂取

先にも触れたように、人間の身体は一度に大量の水分を採り込むことができない、ということが最大のポイントだ。大量に発汗する真夏の登山などでは、ノドの渇きを強く感じた時には、すでに手遅れという状態もありえるので十分な注意が必要だ。

アプローチの段階からジュースなどを口にするように努め、行動中はノドが渇いていなくても小休止ごとに少しずつ水分をとるようにする。水やスポーツドリンクばかりでは味気ないと感じるなら、小型のペットボトル入り飲料でバリエーションを増やすのもよい。

また、大量の発汗がある場合は、単に水分だけでなく汗とともに失われる塩分をはじめとしたミネラル分を補給する必要があり、スポーツドリンクなどミネラル類を多く含んだ飲料が有効だ。大量の発汗の後に大量の水分を摂取しても、体調維持に重要な役割を果たすミネラル類が不足すると、かえってバテの原因を作ってしまうことにもなる。

一日の行動中に必要な水分は、おおむね1000mlを基準と考えればよい。500mlのペットボトル入り飲料2本をザックに入れておくことになる。1本はスポーツドリンクを用意しておけば安心だ。また、素早くカロリーやミネラル類が摂取できるゼリー状飲料は、バテ気味で食欲のない時にも、熱量と水分が同時に採れるので便利。このように、登山中においても前日からの水分摂取と同様にアノ手コノ手で水分を採ることがポイントだ。

山行の前日から水分を多めに採る

前日からお茶やジュース、スープなども含めて、普段より多めに水分を採るようにする

行動中は休憩のたびに、小まめに水分補給する

山中では小休止ごとに少量の水分を採り、大量の発汗で失われるミネラル類もスポーツドリンクなどで補給する

コンビニを使って簡単準備

コンビニで揃う飲料水や食料

コンビニエンスストアが全国に普及する以前は、日帰りの山歩きでも、数日前から持参する物の買出しや昼食用弁当の準備に忙しかったものだ。しかも、当日の天候が悪く中止となれば、家で弁当や携行食を食べたりしなくてはならず、味気ない思いをしたことも多い。全国の街角にコンビニが現れて、このような状況は一変したと言える。

コンビニは男性利用者が多いといわれるが、弁当の準備まではできない、という人にとっては強い味方である。ペットボトル入りの飲料水やおにぎり、パンや弁当のほか、カメラのフィルムやランプの電池、非常食に適した高カロリー食品など、コンビニで揃う山の用品は実に多い。

山歩きでの必需品が揃うほかに、コンビニの有利な点は営業時間にもある。24時間営業の店舗が多いことから、朝一番の始発電車に乗る前にも立ち寄ることができる点だ。当日に準備するわけで、天候の急変でもない限りは計画変更で買い揃えた食料などがムダになることもない。山へ行くための労力を減らし、より気軽に出かけることができるように工夫することも、山をより楽しく楽しむコツのひとつである。

準備で労力を節約した分、コースの状況や登山口までの交通アクセスなど、事前の下調べを万全のものとしたいところだ。

ポリ袋を有効利用する

コンビニエンスストアで買い物すると、レジで商品をポリ袋に入れてくれる。このポリ袋をザックに何枚か入れておくと便利に使うことができる。忘れてしまったら、山歩きの前に立ち寄った店で1枚多くもらうようにするとよい。袋を二重にすれば強度も増し、弁当の汁が染み出してもザックが汚れることがない。また、1枚をゴミ袋として使うと、ゴミを1袋にまとめることができ、自宅に持ち帰った後の処理も簡単だ。

登山口近くの店を捜す

自宅近くで買い忘れた物を、登山口近くのコンビニで買う場合などもある。あらかじめ店舗のある場所を確認しておくと便利だ。都市部で生活していると、どこの町にもコンビニがあるように錯覚しがちだが、現実には人口の少ない地域に行くと極端に店舗数は少ない。登山口でバスを降りて、すぐそばに店舗があるか、またマイカーで向かう場合に、幹線道路沿いのどこで立ち寄るのがよいかなど、インターネットなどを利用して調べることができる。

大手コンビニエンスストアのホームページを検索し、「店舗案内」などの標示のある項目を開くと、全国の店舗の所在地と営業時間が一覧表になっていて、さらに特定の店舗をクリックすると、周辺の地図とともに詳しい営業案内が表示される。地図をプリントして持参すれば道に迷うことなく買い物ができる。

コンビニ利用で準備を簡単に

日帰りの山歩きは、なるべく気軽に出かけたいもの。登山計画を万全にして、食料などの調達はコンビニ利用で省力化したい

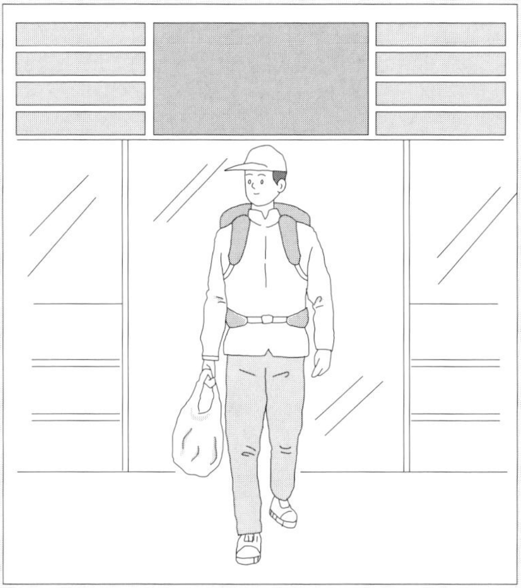

コンビニの所在地をネットで調べる

登山口や通過地点でコンビニがどこにあるか、インターネットで調べることができる。各店舗が地図入りで検索できるので、知らない場所でも迷うことなく利用できる

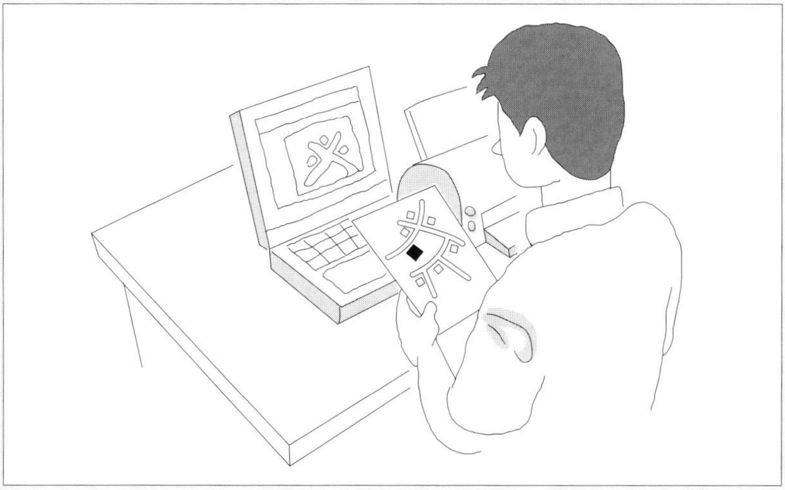

同行者への配慮

グループ登山の原則

グループ（パーティ）での山行は、各人の経験や体力を考えて計画を立てることが重要。経験・体力にばらつきが大きいグループでは、初級者の実力に合わせた登山計画を立てるようにする。計画に入る前には、リーダーやサブ・リーダー、連絡担当などグループ各人の役目を決め、分担して計画作りを行うようにする。

実際の山歩きでは、サブ・リーダーを先頭に、間に初級者を挟んで最後尾からリーダーが歩く。サブ・リーダーはすぐ後ろを歩く初級者の様子を見ながら、歩くペースを調整する。また、リーダーは歩くスペースばかりでなく体調など全員の状況を把握しながら歩く。

様々な同行者への配慮

気の合った少人数の仲間同士でいく場合や、子供を含めた家族で歩くためには、整然としたグループで歩くのとは別の配慮が必要になる。

経験や体力の違いに配慮することは同様だが、明確なリーダーのいないグループでは、統制がとりづらい。ペースの違いから「先に行って待っているから‥」などということにもなりがちで、バラバラな行動から合流できずに遭難騒ぎにまで発展してしまうこともある。

入門者を連れて行く場合には、山行前の準備段階で、経験者が靴やレインウェアなど重要な装備を事前にチェックしておいた方がよい。これから装備を揃える入門者には、経験者が登山用品店に同行してアドバイスすることも必要な配慮のひとつだ。

また、入山前の登山口では、今一度装備を点検し、飲料水や食料に過不足がないかをチェックした方がよい。大量の水をザックに忍ばせてバテの原因を背負っていたり、逆にほとんど用意がなく、途中で買えるぐらいに思っていたりする。グループ全員が迷惑し、計画変更にもなりかねない。

歩幅や歩行のペースについてアドバイスするほか、休憩時には小まめに水分を採るように薦めることもリーダーや経験者の重要な役割りだ。入門者や経験の浅い人は、登ることに気を取られて、精神的に余裕のない状態になっているもので、ノドの乾きを忘れていたり、大量に飲みすぎたりしがちである。

子供連れの場合

子供連れの場合は、子供の体力にあった山を選び、安全第一を最優先することが必須条件だ。

山選びと同じように季節を選ぶことも重要で、真夏の樹林帯を歩くようなコースでは、熱射病などの危険性が大人よりも高いと考えるべきだろう。また、晩秋など天候によって気温の変化の激しい季節も避けた方が無難。体力的には個人差があるものの、ある程度の距離を歩けるのは小学生くらいからと考えたい。実際に歩き始める前に、一人で先に歩いたり、勝手な行動をとらないように十分に言い聞かせ、山のマナーについても具体的に教えておくようにしたい。

入門者には準備から アドバイスする

入門者が一緒の場合は、装備を揃える段階からアドバイスし、登山用品店に同行するなど配慮したい

登り始める前に 装備をチェック

登り始める前に装備をチェックし、飲料水や食料が適量か、不必要で重いものを持っていないかを確かめる

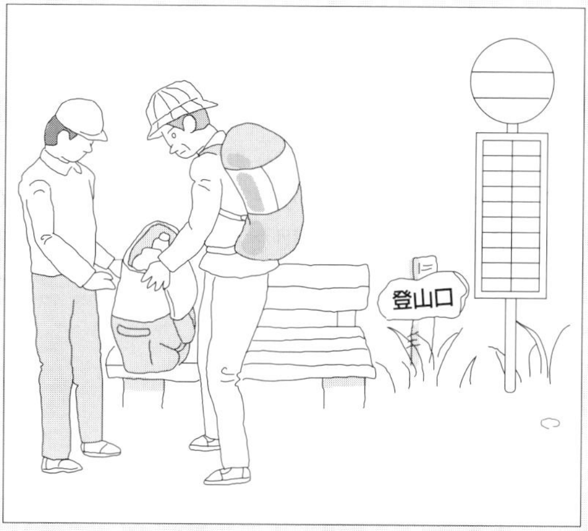

子供連れは 山と季節を選ぶ

子供連れのファミリー登山では、子供の体力に合わせて山やコースを選び、気温変動の激しい季節や、酷暑の時期を避けて計画する

山小屋の種類

山小屋には2種類ある

ひと口に山小屋といっても、立地や管理人常駐の有無、サービス内容の違いなど様々なタイプのものがある。大きく分けると管理人のいる「営業小屋」と、管理人のいない「避難小屋」に分類できる。

一般に営業小屋といった場合は、①管理人や従業員などが小屋に常駐している、②食事や寝具などのサービスを提供してくれる、という内容で、登山者は料金を支払ってそれらのサービスを利用することができる。ただし、同じ営業小屋でも営業期間や営業内容、料金に様々な違いがあるので、利用する前に電話で問い合わせるなど確認しておく方がよい。非常に少ない例だが、東北地方の小屋では食事の提供を希望する場合、料金とは別に、一人あたり米3合持参を条件にしている小屋もある。

営業小屋の閉鎖期間に注意

営業小屋を利用する場合に、最も注意すべき点は「営業期間」である。一年365日無休で営業している通年営業の小屋もあれば、登山者の多い時期だけ小屋を開けているところや、冬季以外の春から秋まで営業する小屋など様々。着いてみたら閉鎖されていた、などということにならないようにしたい。また、登山ガイドブックなどに営業期間が明記されている場合でも、ゴールデンウィークや年末年始、晩秋の小屋閉め前、などは特に注意が必要。曜日の違いや、客足の違いから閉鎖してしまう小屋もある。

避難小屋とは？

避難小屋は、管理人がいないことが特徴。天候の急変などアクシデントが発生した時の緊急避難場所として捉え、様々なサービスが受けられる営業小屋とは明確に区別して考えたい。小屋によって規模や設備は様々。ログハウスのような外観でペンションと見まごうばかりのところもあるが、ほとんどは、雨風を凌ぎ、安全に一夜を過ごすための最低限の設備があるだけ。また、避難小屋（正式な名称は○○村営○○避難小屋など）であるにもかかわらず、「○○ヒュッテ」などと地図に表記され、営業小屋と誤解しやすいところもあるので注意が必要だ。

ウェストンと嘉門次小屋

上高地・明神池のほとりに立つ営業小屋「嘉門次小屋」は、日本に西洋アルピニズムを伝えた英国人宣教師W.ウェストンゆかりの小屋として知られている。猟師としてその地に暮らしていた上条嘉門次を、山歩きのガイドとして雇ったウェストンは、山を知り尽くし、自らを飾ることのない彼の人柄に感銘を受け、著書「日本アルプス登山と冒険」でも紹介している。嘉門次小屋のように、黎明期の山小屋が猟師小屋や炭焼き小屋から発展した例は多く、その成りたちを小屋の主人に聞くのもおもしろい。現在も嘉門次小屋の囲炉裏端には、ウェストン愛用のピッケルが飾られている。

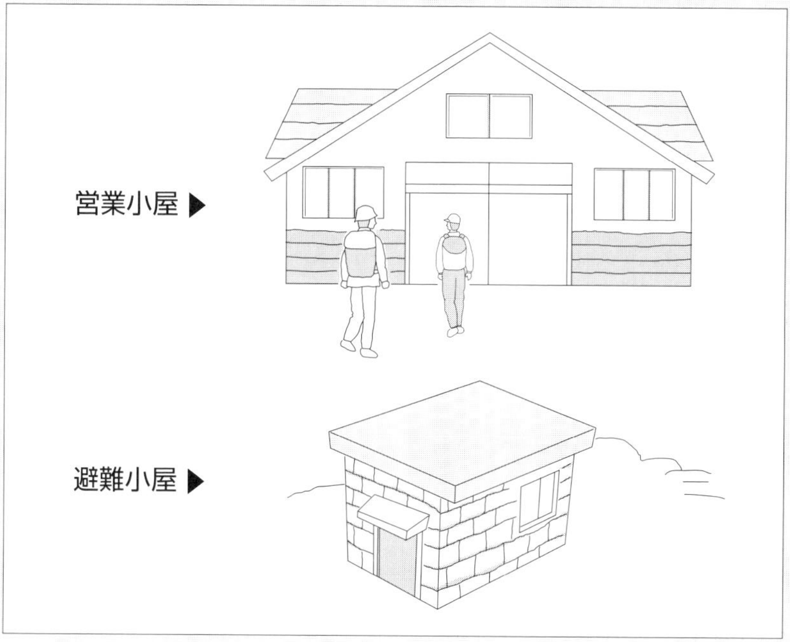

山小屋には「営業小屋」と「避難小屋」の2種類がある。目的や設備などが異なり、まったく違うもの。通常の山歩きで利用するのは営業小屋で、緊急避難用として避難小屋がある

丹沢・鍋割山の山頂に立つ、営業小屋「鍋割山荘」

三頭山と大沢山の鞍部に立つ「三頭山避難小屋」

山小屋の利用

日帰り山行の山小屋利用

日帰り山行でも、コース途中の山小屋を上手に使うことで、山歩きを快適にし、山の楽しみを広げることができる。たとえば、昼食用の弁当を持たずに登ったとしても、山頂に営業小屋があれば、小屋で昼食を摂ることもできる。または、小屋で飲み物が買えれば、その分だけ荷物を軽くすることができるといった具合だ。

寒い時期であれば、寒風にさらされて冷えた弁当を食べるよりも、山小屋で温かい食事を楽しんで、身体も気持ちも温まりたいものである。たった一杯のコーヒーだけでも山小屋の雰囲気とともに味わい、小屋の主人とも話ができれば、山の思い出のひとコマとして、長く印象に残るものだ。また、宿泊施設として山小屋を利用すれば、日帰り山行では味わえない山の世界を堪能でき、山歩きの幅をひとまわり大きくすることができる。

山小屋は旅館や喫茶店と違う

登山者にとって山小屋は便利な施設であり、また心強い存在でもあるが、近年の利用者急増で、山小屋利用のマナーを知らない登山者も増えている。厳しい自然条件の中で営業している山小屋と、下界の旅館や喫茶店とは明確に違うということも頭に入れて、マナーを踏まえて気持ちよく利用したいものだ。

人気のある山域の小屋では、登山者が集中する時期には、一畳のスペースに何人もが寝ることになり、食事も何組かに分けて、決められた時間に摂ることを求められる。山の上で部屋数や、スタッフの人数に限りがある。山小屋での宿泊は、団体行動と同じと考え、大人のマナーとして自分勝手な行動は慎みたい。消灯時間や食事時間、部屋の割り当てなど、山小屋のルールを守り、他の登山者の迷惑にならないようにしたい。

予約なしでも泊まれる？

予約なしでも宿泊できるのが山小屋の原則である。街中の宿泊施設と違い、宿泊を断ることが、登山者の命にかかわる事態にもなりえるからだが、しかし例外もあり、「山小屋は宿泊を断らない！」と思い込むのは危険。南アルプスの一部地域や、尾瀬では自然保護の観点から、完全予約制を採っている山小屋もある。また、それ以外の地域でも、宿泊する場合には、できるだけ予約を入れるようにしたい。特に多人数で利用する場合には、小屋側の準備にも配慮し、必ず予約を入れるようにしたい。

山小屋のトイレ利用

宿泊しないでトイレのみ利用する場合は、有料としている山小屋が多い。自然保護・環境美化の上から、山での糞尿問題は深刻な問題で、微生物を利用した分解設備やタンク式など、様々な工夫がされているが、いずれも大きなコストがかかっている。きれいに使い、必ず料金箱に料金やチップを入れるようにするのはもちろん、ジュース1本でも売上げに協力する気持ちがほしい。

日帰り山行でも利用したい

日帰り登山でも、昼食を山小屋で摂るなど積極的に利用する。利用にあたっては、計画段階で必ずサービス内容（昼食メニュー）を確認しておく。小屋によっては鍋焼きうどんや、山菜そばなどが評判で名物になっているところもある

山小屋利用の常識いろいろ

同じ宿泊施設でも山小屋と旅館は別物。マナーやルールを守って気持ちよく利用したい

遭難しないために

他人事ではない遭難

遭難など、自分とは関係ない別世界の話だと思っている登山者も少なくない。好い天気の日を選んで、中低山の整備された登山道を歩いている限り、事故など起りそうもないと思ってしまう。しかし、山歩きという趣味は、往々にして、まだ行ったことのない山、もっと遠い山、もっと高い山に登ってみたい、と徐々にエスカレートしていくもの。その過程で無理が生じたとき、または悪天候に見舞われたときなどアクシデントに遭遇することにもなりかねない。

増え続ける中高年の遭難

警察庁の統計によると、山岳遭難の発生件数は平成10年（1998年）以降毎年1000件を越え、平成14年（2002年）には、発生件数（1348件）、遭難者数（1631人）ともに過去最高を記録している。

遭難原因の82%が、道迷い、滑落、転倒、病気で、発生月も7～8月が最も多く、年齢別では全体の75%を40歳以上が占めている。増加の内訳を見ればわかるように、冬の雪山遭難が増えたわけでも、ロッククライミングの事故が多発しているわけでもない。近年の登山ブームの中で増えた中高年登山者が、一般登山道において起こす例が増えているわけで、けっして他人事では済まされないのだ。自分の実力に合った山を選び、万全の備えと無理のない計画で山を楽しみたい。

低い山でも遭難する

山の標高と遭難とは必ずしも比例しない。確かに標高が高い山は、それだけで様々な条件が厳しくなるのは事実だが、だからといって低い山が安全だとは言いきれない。

平成15年（2003年）秋に、千葉県麻綿《まめん》原《ばら》高原で発生したハイカー30人の集団遭難事件がそのよい例で、グループが歩いていた付近の山は400mにも満たない低山である。また、平成12年（2000年）12月には、伊豆半島の二十六夜山《にじゅうろくやさん》で、高齢の単独登山者が行方不明となる山岳遭難が発生しているが、この山の標高はわずかに310mである。上記の2例とも、当日の天候が悪かったわけではなく、いわゆる「道迷い」が原因、または原因と推測されている。2例に共通するのは「登山者の少ない山」ということである。登山者が少ない山は、道標もあまり整備されず、登山道が荒れている場合がある。このような山では、道迷いに陥る可能性や転倒・滑落の危険も高くなる。

山は天候によって豹変する

日帰り登山が主体で、天候を見て出かけるようにしていると、悪天候で山がどのように変わるのか、うまく想像することができないかも知れない。たとえ日帰りでも、夏の雷雨による集中豪雨や、晩秋の初雪、濃霧など天候急変に対する備えは必要。また、天候悪化の兆候があれば、無理せず、いつでも計画を変更して下山する心構えが大切である。

多い「道迷い」の遭難

遭難件数の82%は「道迷い」「転倒」「病気」。日ごろからの健康管理、無理のない計画、山に対する正しい知識があれば、予防できると思われるものがほとんどである

低山でも遭難する

標高の高い山だけで遭難が発生するわけではなく、低山でも道標の整備されていない山では道迷いによる遭難は発生している

道に迷わないためには

遭難原因の上位を占める「道迷い」を防ぐには、歩行技術の基本の章で触れたとおり、地図とコンパスによって現在地を確認しながら歩くことが基本である。道迷いによる遭難では、この基本を行わずに遭難したケースがほとんどで、そもそも地図やコンパスを所持していない例も少なくないという。また、道標の整備された登山道であるにもかかわらず、道標を見落として歩き、間違いに気付かないまま進んでしまう例などが後を絶たない。

道に迷った！と思ったら

もし「道に迷ってしまったかも‥」と思ったら、まずは気持ちを落ち着かせることである。ザックを降ろして小休止しながら地図を出して、歩いてきた登山道を地図上で辿り、通過点や周囲の地形から現在地を推測するようにする。間違ったと思われる地点から、わずかな距離しか歩いていない場合は、すぐに引き返してもよいが、一番重要なことはパニックに陥らないことである。一度でも経験するとわかるが、山で迷うということは非常に不安なもので、特に一人の場合などは、ひどく動揺して右往左往したり、逆に理由も無く楽観的になってそのまま進んでしまったりするものである。

もちろん、そのどちらもよい結果にはならない。正しい判断ができるように気持ちを落ち着かせた上で、来た道を戻り、正しいルートであることを確認できる場所まで戻ることだ。

「無闇に下る」は最悪の選択

間違えに早めに気付き、来た道を戻ることで、正しいルートに復帰できればよいが、戻る方向や道すらわからなくなってしまった場合はどうすればよいのか。その際の行動が、遭難という事態に陥るかどうかの分かれ目、あるいは生死を分けるポイントになる。極論すれば「登れば生還、下れば遭難」である。

なぜならば、下山途中で発生することの方が多い道迷いから遭難に至る事例には、一定のパターンがあるからだ。すなわち①道がわからなくなった後も、下って行けば里に至るとの漠然とした考えから下り続ける、②獣道のような場所を下っているうちに沢の上部に至り、涸沢沿いになおも下る、③涸沢はやがて水流となり、滝など厳しい地形が現れ、④すでに登り返す気力・体力もないまま険しい岩場を下っているうちに転落・滑落し骨折などで動けなくなる、というパターンである。一番大切なことは冷静に行動すること。普段の山歩きで登り下りしたことのない厳しい岩場や沢の徒渉などは、無理に行わないことだ。

これに対して、なるべく安全に歩行できる場所を選んで、登る方向に歩いて行けば、たとえ時間がかかったとしても、やがて尾根に至り、尾根筋を上に辿れば、必ず山頂に着くことができる。または山頂まで行く前に登山道を発見できる可能性が強い。もしも途中で日が暮れて暗くなっても、無理をせず、風当たりのない場所を選び、ツエルトやエマージェンシーシートを被るなどして保温に努め、夜を明かすようにする。

迷ったら戻るのが基本

まずは気持ちを落ち着かせて、地図・コンパスで現在地を推測する。マイペースを守って来た道を戻り、正しい登山道に復帰する

沢を下ってはいけない

方向を失って、本格的な道迷いに陥ったとしても、下り方向に歩くのは危険。
下山途中であっても登る方向に歩き、尾根筋を探して山頂を目指すのが結果的には生還への近道になる

高山病とは何か

高山病の原因は何か

高山病は別名「山酔い」とも言われ、標高が高くなるに従って、大気中の酸素量や気圧が低下するために発症する高所障害。気温の低下や紫外線の増加などが発症に作用するといわれている。

昼食用にと下界で買っておいたパンなどを山の上で取り出してみると、密閉パックされたビニール包装が、風船のように膨らんでいることがある。これは気圧が低下したことによって、包装内に閉じ込められていた空気が周りの大気圧の減少で膨張し、ビニールを膨らませたものである。1200m程度の標高でもおこり、実際に目で見ることができる、非常にわかりやすい気圧変化の具体例である。

登山者の身体は、それだけの環境変化を受け止め、その高度や気圧に順応しながら山を歩くわけだが、順応がうまくいかない場合に、高所適応障害としての高山病の症状がでるわけだ。

高山病から低山病へ

北アルプス山上の山小屋から、高山病のためにヘリコプターで搬送される人を何例か見たことがある。高山病と言えば、以前は富士登山で頭痛に悩まされること、くらいしか思いつかなかったものだが、中高年者の登山ブーム以降、高山病の発症高度は確実に低下している？と思われる。高山病なのか、ただの体調不良なのが判然としないものも含めると、かなり低い高度から、高山病に類似した症状で座り込んでしまう人を見かけるようになった。高山病という名称も時代の趨勢と高度に併せ、高山病・中山病・低山病と細分化した方がよいかも知れない。

発症の標高と症状は

高山病が発症する高度については、気象条件や個人差によって大きく異なり、一概に何メートルからとは言えないが、おおよそ2000m前後から発症の可能性がある。また、高度に慣れていない中高年者の場合、天候の悪化や気温の低下など悪い条件が重なれば、さらに低い高度でも軽い症状が見られる場合もある。症状は頭痛、動悸、息切れ、吐き気、むくみ、食欲不振、悪寒など、人によって様々で、必ずしも一様ではない。重症になると肺気腫を併発して死亡に至るケースもある。

高山病の予防と対策は

普段からの健康管理が基本となるが、特に山行前の体調管理を万全にし、無理のない計画で臨むことが大切だ。また、アプローチのバスやロープウェイで、一気に高い標高まで上がってしまうような場合には、特に注意が必要。登山口からすぐに歩き始めるのではなく、しばらく休憩やストレッチ、散策などで身体を高度に慣らしてからスタートするようにしたい。もしも症状が出てしまったら、低い場所に下るのが最も効果的な対策。温かくして休憩している間に直ってしまうこともあるが、疲労感や悪寒が残るようなら、無理をせずに下山しよう。

高度に身体を慣らす

高山病の原因は、気圧・酸素量の低下など。アプローチでロープウェイを使う場合などは、高度が1500m程度でも歩き始める前に、身体を高度に慣らすようにする

下山が特効薬

頭痛、動悸、息切れなど高山病の症状がでたら、身体の保温に努め静かにしている。しばらく時間をおいても症状が解消しない場合は、無理せずに下山すべき。低い場所に移動することが唯一の特効薬である

カミナリから身を守る

落雷の発生は予知できる

山で怖いもののひとつにカミナリがある。落雷を直接受ければ死亡する可能性も高い。しかし、カミナリと雷雲のメカニズムを知って正しい対処方法を覚えておけば、事前に退避することも可能である。カミナリは四季を通じて発生するが、山歩きとの関係で言えば、特に注意すべき季節は夏である。夏の強い日で熱せられた湿気を帯びた大気が、上昇気流をつくって昇り、やがて積乱雲（入道雲）を形成する。この積乱雲と地表の間で発生する放電現象がカミナリだ。従って、積乱雲の発生と接近を早めに捉えれば、あらかじめ危険を回避することもできるわけだ。

蒸し暑い夏の朝に空を見上げると、青空に霞がかかったように見え、遠くの山がかすんで見えることがある。そんな日には、午後から雷雲が発生すると考えてよい。また、雷雲は何日か続けて発生する傾向があることも覚えておきたい。

山歩きの基本は、朝早く出発して、余裕をもって早めに目的地に着くように計画することだが、夏のカミナリを避けるのにも、この基本を守って歩くことが一番である。夜明けの早い夏場であれば日の出とともに出発し、午後3時ころには下山地または目的地に着けるように計画したい。

もし雷雲が接近してきたら

恐ろしいカミナリも、青空からいきなり降ってくるわけではない。湿気を帯びた暗い雲が頭上に差しかかり、辺りが急に薄暗くなる。または、ポツポツと大粒の雨が落ちてくる。そんな空模様になったら雷雲の下に入ったと考え、退避行動に入った方がよい。

まず、樹木のない尾根上や草原状の場所を歩いていたら、すみやかに山小屋に逃げ込むか、低い場所に下るようにする。退避途中で雷鳴が近づいて来るようなら、なるべく姿勢を低くし、傘をさしたりスティックを振り上げたりしてはいけない。カミナリは金属・非金属の別に関係なく、周囲の地形の中で突出した形にあるものに落ちる傾向がある。傘やスティックなど、シルエットが突起状になるものがあると、それらが避雷針として作用し、落雷の直撃を受けてしまう。

近くに山小屋がないときは、とりあえず尾根から樹林帯の中に下り、湿地帯など湿り気の多い場所は避ける。

木の下に避難する時の注意

適当な避難場所がない場合は、木の下に逃げ込んでもよい。ただし、この場合も何本か立ち木があれば最も高い木は避け、木の真下ではなく、右ページのイラストのように、万が一の落雷に備えて、幹や枝から一定の距離を取って低い姿勢を保つようにする。

また、グループで避難するときは、運悪く落雷を受けた場合を考えて、一箇所に固まらないようにした方がよい。その他、雷雲によってもたらされる集中豪雨にも注意したい。落雷を逃れて下山しても沢が急激に増水し、渡ることができないときもある。

姿勢を低くして退避する

樹木の少ない尾根や草原にいるときには、速やかに山小屋や樹林帯に逃げ込む。
なるべく姿勢を低くし、傘をさしたり、スティックを上にかざしたりしてはいけない。

木の下に避難する

木の下に退避する場合は、落雷に備えて幹から2m以上離れ、木の先端から45度の角度の内側、枝からも離れた場所で身を低くし、雷雲が通り過ぎるのを待つ

山で出会う危険な生物

山に住む生物を刺激しない

山歩きで遭遇する可能性がある生物は、昆虫の類を入れると実に多種多様であるが、危険な生物となると限られてくる。国内では最大の野生動物であるクマをはじめとして、ヘビ、スズメバチなどが代表選手で、その他、危険度は低いがダニ、ヒルなどが挙げられる。また最近では、都市近郊の低山で野犬に襲われたという例もある。人里に出没して食物を漁るようになったクマやサル、もともと人間に捨てられて野生化した犬などは別にして、純粋な野生動物は、彼らから積極的に攻撃を仕掛けてくることはまずない。人間が不用意に彼らの領域に侵入してしまったり、ふいに遭遇してしまうことが原因の自己防衛的な攻撃が、そのほとんどである。登山道以外の場所に無闇に踏み込まないようにし、彼らの領域を侵さないようにすることが大切だ。

クマとの遭遇

クマとの遭遇で最も危険なのは、出合頭の遭遇である。見通しの利かない登山道のカーブを曲がったら目の前にいた、などという場合だ。パニックに陥ったクマは、恐怖からいきなり襲いかかってくる。そのような最悪の事態を避けるためには、クマに接近してしまう前に自分の存在を知らせることである。数人で話しながら歩いたり、ザックに鈴を付けたり、時々物音をさせながら歩くようにする。

また、数十メートルの距離でクマの姿が見える場合は、なるべく木立や物陰に隠れるようにして、ゆっくりとした動作で静かにクマから離れて行く。このときに、慌てていきなり逃げ出すのは禁物だ。クマは背中を見せて逃げて行くものを追いかける習性があり、非常に危険だとされている。

草むらに潜むヘビに注意

一般登山道を歩いている限りは、山歩きでヘビに出会うことはあまりない。見かけたとしても、ヤマカガシやアオダイショウで、猛毒を持つマムシを見ることは稀である。危険なのは登山道から離れてのキジ撃ち、花摘み（山岳用語ミニ辞典P198参照）の際だ。特に、沢の近くで湿気の多い草むらには立ち入らないようにしたい。マムシは熱に反応して攻撃してくるので、真夏であっても、肌を露出して草むらに入るのは避ける。

被害者の多いスズメバチ

クマ、マムシよりも被害者・死亡者の多いのがスズメバチである。気付かないうちに彼らの巣に近づいてしまうことが原因だ。登山者の多い山のコース上であれば、それほど心配することはないが、もしも、大きなハチが自分の周りをまとわり付くように飛ぶようなら要注意。集団で襲ってくる前兆の偵察行動である。慎重に様子を見るか、もと来た道を引き返したほうがよい。もしも刺されて全身の震えや血圧低下による顔面蒼白など、アレルギー性ショック症状が出た場合には、すぐに救助要請する。

生き物の領域を侵さない

山に棲む生き物の領域を犯さないように歩きたい。クマやマムシ、スズメバチなどの危険生物も、刺激しないようにすれば無闇に襲われることはない

クマに接近を知らせる

クマとは遭遇しないようにするのが先決。物音や話し声で人間が歩いていることを知らせるようにする

山とトイレ

山でトイレはどうする

山のトイレ問題は人間の生理現象だけに、誰にでも関係ある重要な問題だ。昔は「キジ撃ち」とか「お花摘み」といった隠語で言われたように、登山道から外れた草むらで用を足すことが普通だったが、登山者が急増した現在では、それもままならない状態である。

現代の山では、そもそも本当の「お花摘み」が植物保護の観点から許されないように、隠語のたとえさえ時代の変化の中で意味を失っているのが現状だ。

ましてや水洗トイレに慣れきった今日、草むらにしゃがみこんで用を足すことに抵抗を感じないという人はあまりいないだろう。特に女性ならなおさら抵抗を感じるはず。そんなトイレ問題をクリアするには、登山計画を立てる段階で、コース上のどこにトイレがあるのかを確認し、現地では早目に公衆トイレや山小屋のトイレを使うのが唯一最善の方策だろう。

望ましい「キジ撃ち」の方法

事前にトイレの位置を確認していても、事が生理現象だけに、どうしても「キジ撃ち」に臨まなくてはならない場合もある。そのときは、登山道から離れ、人目の届かない場所を探すわけだが、無闇に草むらに入り込むのも危険である。登山道から離れれば、そこは山に棲む生物や植物の領域だと考えなくてはいけない。沢沿いで湿気の多い場所ではマムシに遭遇してしまう可能性もあり、知らないうちにスズメバチの巣に近づいてしまうかもしれない。また、山ダニの中には有害なものもいる。

望ましいのは登山道から派生したケモノ道の先などで適当な場所を見つけることだが、この場合にもストックで草むらを分けながら入っていくようにする。仲間がいればケモノ道の分岐に立っていてもらえば安心だ。また、使用した紙はその場に捨てるのではなく、ビニール袋などに入れて持ち帰り、汚物は穴を掘るか土をかけて土壌が分解しやすい状態にすることが必要だ。ティシュペーパーにはナイロン繊維が含まれており、水に流れても白い繊維が残ってしまう。かつて富士山の山腹では「白い花」を咲かせたようにティシュペーパーが散乱し、非常に見苦しい状態になった。登山者のマナーとして面倒でも必ず持ち帰るようにしたい。

山小屋のトイレを利用する

中高年の登山ブームといわれて久しい今日、登山者が集中する人気の山域では、どこでも深刻なトイレ問題を抱えているのが現状だ。最近では環境庁や地元自治体と山小屋が協力して、自然還元式の新しいトイレの設置を進めているが、高いコストと労力を必要とするものだけに、設置は一部山域にとどまっている。それだけに、利用者ひとり一人がルールとマナーを守って大切に使いたいものだ。公衆トイレも山小屋のトイレも、その多くがチップ制をとっているが、山小屋宿泊者以外は必ず決められた料金を収めるようにし、各小屋で定めたルールにも従うことが必要だ。

「キジ撃ち」の注意

なるべくなら避けるようにしたいキジ撃ちだが、避けられない場合はマムシやスズメバチ、害虫などに注意し、環境にも配慮することが必要

山小屋のトイレを使う

山小屋のトイレや山中に設置された公衆トイレを利用する際には、料金の支払いなど、定められたルールを守ってきれいに使う

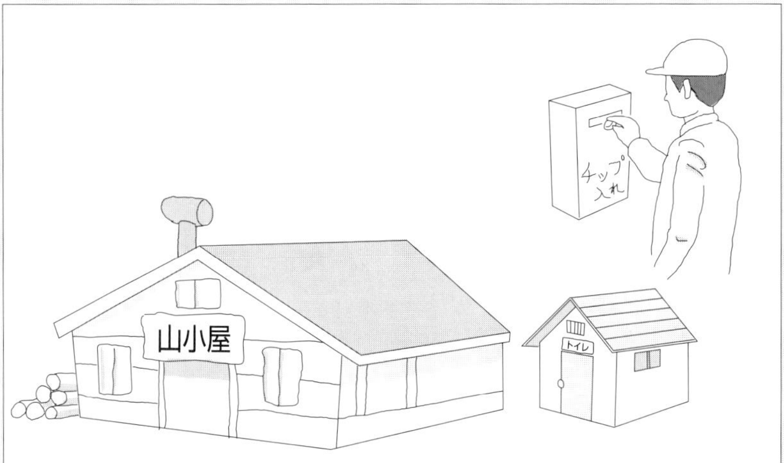

自宅や登山口でのストレッチ

歩き出す前のストレッチング

登山口に到着したときの身体の状態は、山歩きに万全の状態とはいい難いもの。早朝に起き出して電車やバスに揺られてきた身体は、筋肉や筋肉を囲む筋が緊張して、運動に適した状態ではない。そのままの状態で歩き出し、身体全体が温まって緊張がほぐれる前に躓いたりすれば、思わぬケガにもなりかねない。また、筋肉の緊張を解き、運動に必要十分な酸素を身体全体に行き渡らせることで、とっさの動作など、運動能力を高めることができる。登山口で靴ヒモを絞め直す前に行うようにしたい。ストレッチのコツは、筋肉に痛みやダメージを与えない程度の強さで、ゆっくりと筋を伸ばすことで、呼吸を整え、身体全体をリラックスさせながら行う。ストレッチの習慣を付ければ、精神的にもリラックスして歩き出すことができる。

登山口でのストレッチ

まだ本格的に目覚めていない身体各部の緊張を解し、身体全体に酸素を送り込む

①肩をほぐす

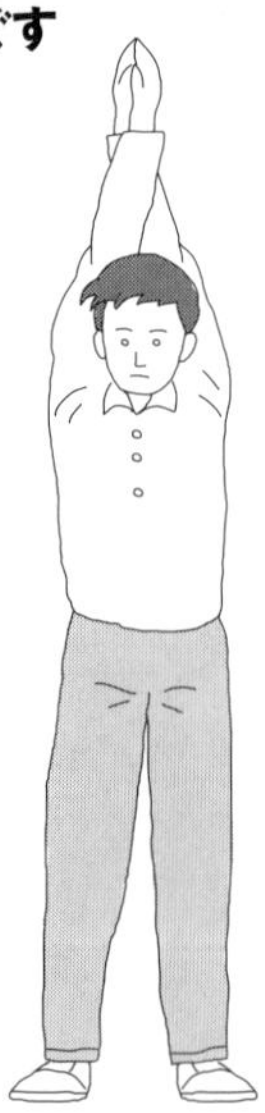

両手をゆっくりと頭上に挙げ、手を交差させたままリラックスして身体を伸ばす

②体側筋を伸ばす

両手を頭上で組んだまま、無理のない所まで身体を左右に傾ける

③肩・胸部の筋を伸ばす

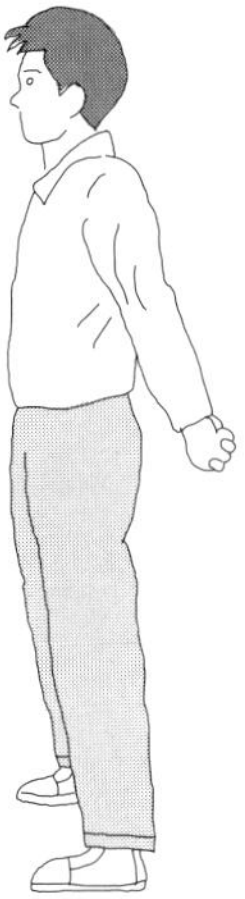

両手を背中で組み、背中から離すようにゆっくりと上方に持ち上げる

④肩・腕の筋を伸ばす

右手を前に出したまま力を抜き、左手で抱えるように胸に近づける。左右ともに交互に行う

⑤背中からヒザ裏・アキレス腱を伸ばす

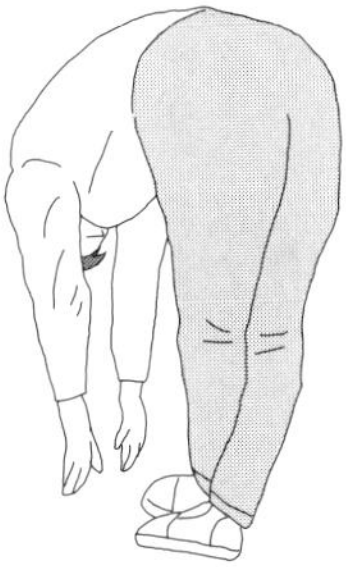

脚を交差させて立ったまま、徐々に上体を前に倒して行く。脚の交差を逆にしても行う

⑥脚の前面筋を伸ばす

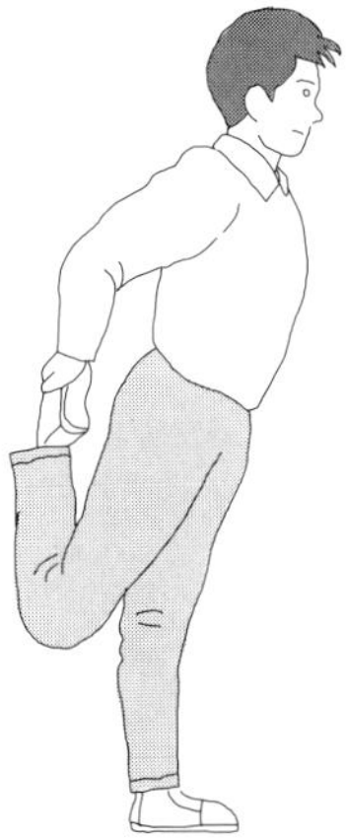

右足と右手、左足と左手で行い、それぞれ片足で立ったまま手で足を後ろ上方に持ち上げる

下山後のストレッチ

下山後に行うストレッチ

下山後に行うストレッチは、歩き始める前のものとは意味合いが異なり、運動後の整理運動（クーリング・ダウン）として行う。一日の山歩きで伸縮を繰り返して酷使された筋肉や筋は、いわば過熱状態にあり、筋肉痛の原因ともなる乳酸が溜まりやすくなっている。脚の筋肉や腰の筋など、酷使した各部位の血流を促し、徐々にクール・ダウンさせることが、下山後に行うストレッチの目的だ。

下山口に到着したら、バスや電車で長時間同じ姿勢を強いられる前に行うことがポイント。時間があれば軽い散策を間に挟み、2回に分けて行うのもよい。登山口で行う場合と同様、身体全体をリラックスさせて、呼吸を整えながら、筋や筋肉をゆっくりと無理のない程度に伸ばす。

下山後のストレッチ

酷使され過熱状態の筋肉を徐々にクール・ダウンさせ、筋肉痛の原因となる乳酸を溜めないようにする

①首筋を伸ばす

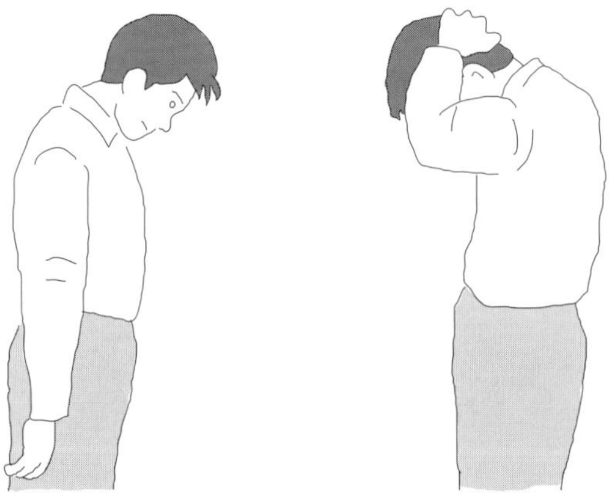

首を前後左右にゆっくりと曲げた後、後頭部に手をあてて首筋を伸ばす。
呼吸を整えながら、ゆっくりと無理のない範囲で動かすようにする

②腕肩の筋を伸ばす

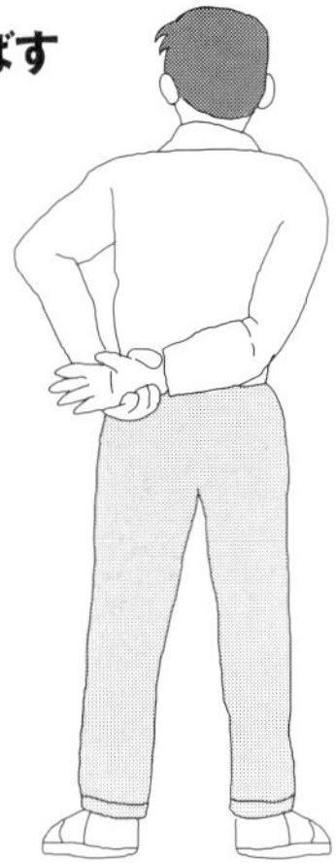

両脚を肩幅に開き右手を背中にまわす。背中の右手手首を左手でつかみ、体側左方向に引き、右腕肩の筋を伸ばす。左手も同様にする

③背筋を伸ばす

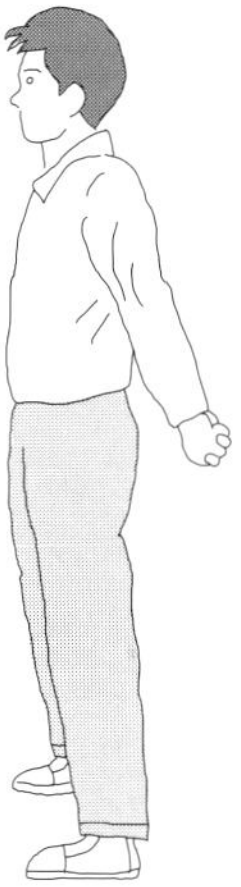

両脚を肩幅に開き両手を後ろで組む。組んだ両手を上に吊り上げるようにして上げていく

④肩・首筋を伸ばす

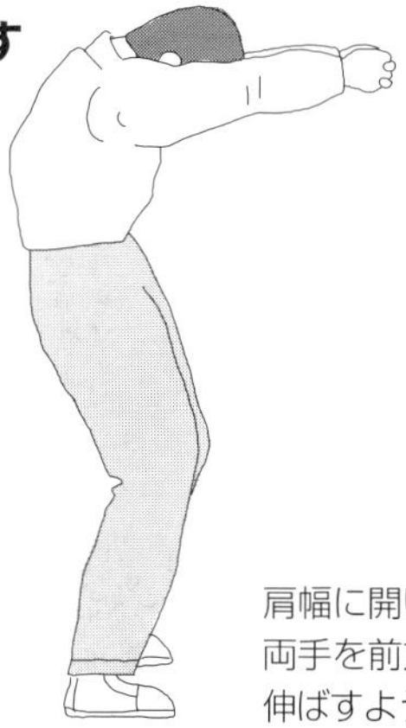

肩幅に開いた両脚のヒザを少し曲げる。両手を前方に伸ばして、腕の間で首筋を伸ばすように頭を入れる

基礎体力を養うトレーニング

有酸素運動で体力向上

山歩き初心者にとっては、次にチャレンジする山を歩き通すことができるのか、期待と同時に不安も感じるはずだ。山歩きには普通の体力さえあれば充分だが、体力に余裕があればなおさらよい。山に行けない日でも、気軽にできる体力づくりを続けることで、体力とともに自信も付くことになる。

身体の運動からみた山歩きは、マラソンと同様に典型的な有酸素運動。体力を向上させるためには、身体の一部の筋肉を鍛えるよりも、全身の運動持久力を高めるトレーニングが有効だ。

基礎体力を養う有酸素運動で効果的なものには、ジョギングやウォーキングがある。ジョギングは誰でも簡単にできそうだが、慣れないと苦しいもので、しかも脚腰の故障にもつながりやすい。安全で身体の各部に対する負担が少ないウォーキングの方が向いているといえる。早足で歩き続け、最低20分は続けるようにすると心肺機能の強化と基礎体力向上につながる。

室内での筋力トレーニング

普段の生活ではあまり使うことがなく、鍛えることのできない筋肉を強化することで、身体の故障や山歩きでの事故を防ぐことができる。いきなり根をつめて行うのではなく、無理なくできる範囲で続けることが大切だ。週2回程度でも充分に効果がでる。

普段の生活の中でも、エスカレーターを使わずに積極的に階段を使うようにする。階段を上がる際にも、一段飛ばして上がるなど足の筋肉を意識しながら上がる

ジョギングは血液や体液の循環機能を促す効果も期待できる。ジョギングを行う前には、必ず身体の各部の筋肉や関節を伸ばすストレッチを行ってからにする

ウォーキングは足腰に対する負担も少なく、だれでも気軽にできるトレーニング法だ。大きく手を振り普段より速足で歩き、最短でも20分以上続ける。

簡単トレーニング

弱い部分を補強する

山歩きの行程の中では、急坂の登り・下りや、高さのある段差、など様々状況に出会う。歩きの中でも人それぞれに得意、苦手があるものだ。特に長い下り坂が苦手で、下っている内に「ひざが笑ってしまう…」、という人は多い。また、自分では意識していないだろうが、腹筋が弱いために身体のバランス保持が苦手な人も多いはずだ。それらは部分的な筋肉を徐々に補強することで改善することができる。

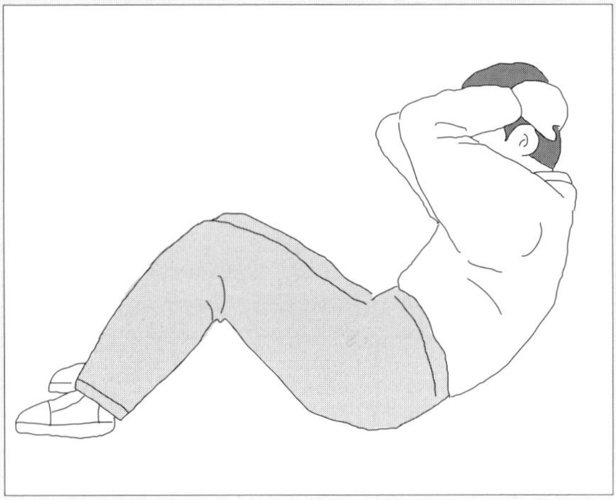

腹筋1

下り坂で大切になってくる腹筋を強化することで、より下り坂に強い身体になる。膝を90度に曲げて、足裏をしっかりと床につけ息を吐きながら上体を起こす

腹筋2

上のイラストの他にも足を上げて行う腹筋を鍛える方法もある。一般的に足を上げて行う腹筋は下腹部に効果が高いが腰への負担も大きくなるので注意が必要だ

背筋

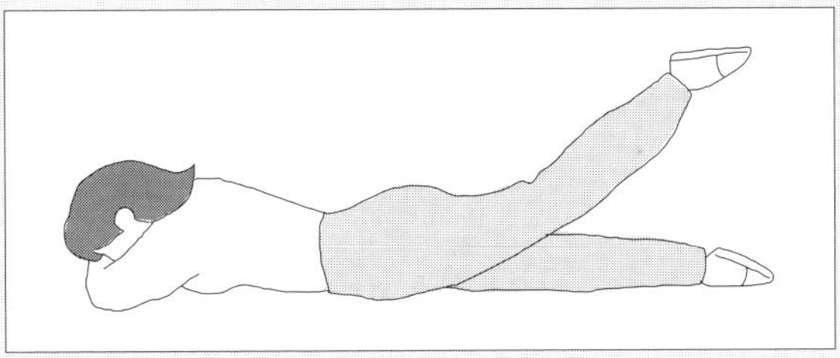

うつぶせ寝の姿勢のまま、ゆっくりと脚を持ち上げる。無理なくできる範囲で脚を上げるようにする。左右の脚で交互に行う。腹筋と対を成して身体のバランスを取る背筋を鍛えるトレーニング

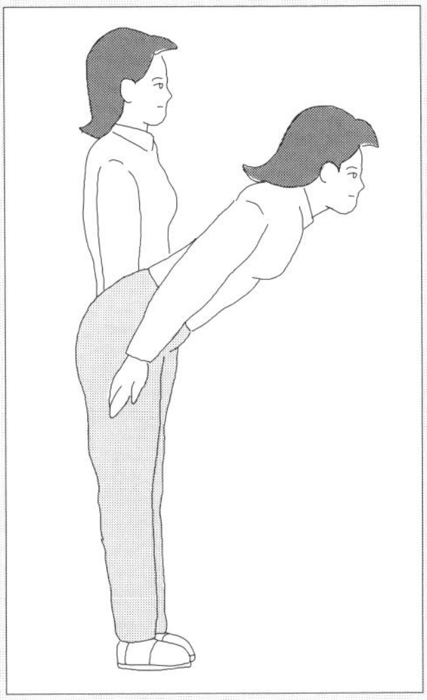

大腿部後筋

ヒザから太ももまでの大腿部後筋を強化するとともに、腹筋・背筋にも適度な負荷を与える。足を肩幅に開きゆっくりと前屈する

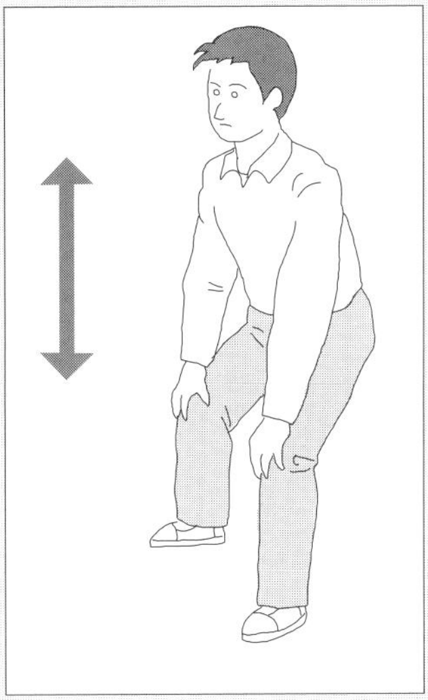

大腿部前筋

無理のないスクワット運動。立ち姿勢から腰を降ろすようにして、両手がヒザにつくまで腰を下げる。最初は腰を痛めないように注意して行う

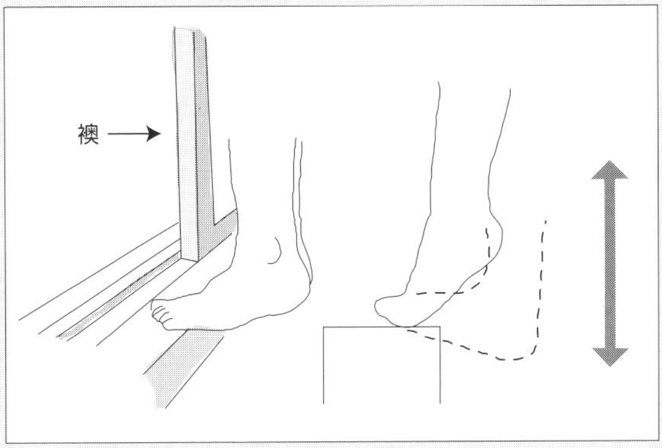

腓腹筋・ヒラメ筋

鴨居の段差を利用して爪先立ちを繰り返す。最初は1回に10〜20回程度から始めて、徐々に回数を増やす。長い下り坂のヒザ笑い防止につながる

※トレーニングは体調を見ながら無理せず慎重に行って下さい。

山と自然保護

多様で豊かな日本の山

日本は国土の約7割が山地で、豊かな降水量に育まれた森林からは、多数の河川が流れ下り、清流は田畑を潤して人々の生活を支えてきた。里山は農村の生活の中で上手に活用され、深い森からは建材となる大木が切り出され、獣を追う猟師は山地の恵みの中で生活していた。また、この豊かな自然の中で発生した山を敬う精神は、山岳信仰として発展し伝えられてきた。

都市に生活している限り、この豊かな自然やその恵みを直接実感することは難しいが、山を歩けばその一部なりとも目にすることができる。その結果、あまりにも大きな自然を前に、自分一人ぐらい何をしても自然はびくともしないものと思いがちであるが、これは自然に対する認識不足であり、勝手な思い込みは禁物だ。

近年の登山ブームの中で日本百名山や都市近郊の山に登山者が集中することで、登山道周辺の自然荒廃や、生態系の乱れなどの弊害が叫ばれている。マナーを知らない登山者が増えたといわれる今日、かつて自然の中で生きていた先祖たちが抱いた自然への畏敬の念を忘れることなく山歩きを楽しみたい。

ローインパクトということ

山の自然を守るために、できる限りマイナス要素となる行為を避けて歩くことは、「ローインパクト」の言葉で表現される。登山道を多くの人が歩き、踏み固められることで、周囲の植生や土壌が変化してしまう。また、木の根を踏むことでは、樹木の立ち枯れや、土壌の流出にもつながってしまう。

一度失われた高山植物の植生を回復させるのが、非常に困難であることは多くの登山者が理解していることだが、登山道の周囲でも回復困難な自然荒廃が進んでいることも理解したい。

漁師が守った原生林

神奈川県西部の真鶴半島周辺は良好な漁場として知られ、新鮮な海の幸を味わえる観光地であるが、半島の豊かな原生林が漁場を育んでいることは、あまり知られていない。原生林から流れ出る養分を含んだ流水が、様々な魚を呼び寄せているのだ。しかも、この仕組みに気付き、伐採などから森を守ってきたのは地元の漁師たちである。昔の人々の洞察力に脱帽すると同時に、改めて人知を超えた自然の働きの妙に思いを馳せさせられる逸話である。

登山道のすぐそばまで崩落が進んでいる（鍋割山）

植生保護のために付けられた木道（鍋割山）

ローインパクトの実際例

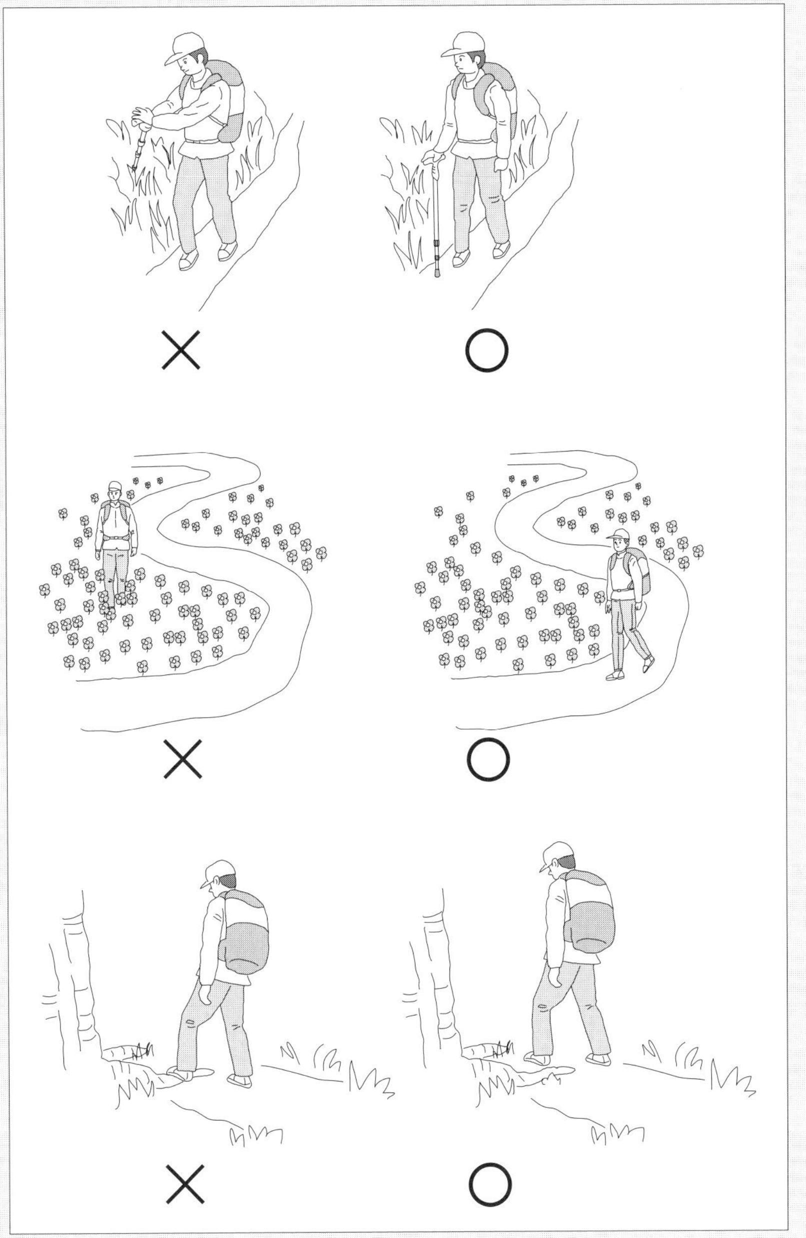

山の文学

「晴登雨読」のすすめ

雨で山に行けない日には、本の中で山の世界に浸るのもよいものだ。幸いなことに、小説やエッセイ、紀行文など山を舞台にした名作は数多く出版されており、ひとつの趣味の世界を対象にしたものとしては他に類を見ないほどの点数である。また、海外の名著も早くから翻訳され、探検のロマンとともに語られ、多くの読者に親しまれてきた。

「山好きに本好きが多い」とは、昔から言われることで、長年山に親しんでいる登山者の中には、読書家と言われる人が多い。往年の登山家のイメージも、パイプと書斎が似合う、一種の高等遊民的ダンディズムを漂わせた人物像である。その背景には、日本の近代登山黎明期を支えた人々の多くが、社会的に恵まれた環境にあった教養人であったことは、否定できないだろう。そして、登山史に沿うようにして山の文学も多くの名作が生み出されてきたと言える。

山歩きをただ単にスポーツとして楽しむこともできるが、それだけでは山を遊び尽くすことにはならない。山の楽しみを奥行きあるものにするためにも、山の本に親しむことをお薦めしたい。

山の名著と言われるものは多いが、翻訳物ではW.ウェストンの「日本アルプス登山と探検」(平凡社ライブラリー)。小説で挙げるなら、評価の定まった名作としては新田次郎の「孤高の人」(新潮文庫)や、北杜夫の「白きたおやかな峰」(新潮文庫)、また近年の話題作でいえば夢枕獏の「神々の山嶺」(集英社)が挙げられるだろう。エンターテイメントでは、山岳ミステリーの梓林太郎(「上高地殺人事件」(角川ノベルズ)も見逃せない。

山の名著

「山の憶い出」
小暮理太郎(平凡社ライブラリー)

日本の近代登山黎明期に活躍した登山家の紀行文。明治末から大正にかけて、奥秩父や上越国境などの山々を歩いた思い出が、当時の山村の風物とともに生き生きと描かれている。

「東西登山史考」
田口次郎(岩波書店同時代ライブラリー)

初登頂を志向する近代西欧アルピニズムと、深山幽谷が生んだ日本型登山を比較し、その歴史的・文化的基盤の相違を、様々なエピソードを交えて考察する登山史を知る一冊。

「生還」山岳遭難からの救出
羽根田治（山と渓谷社）

7件の山岳遭難について詳しく取材し、遭難の原因や遭難者の生死を分けた要因を顕している。ごく普通の登山者が見舞われた予期せぬアクシデントとその結果は、多くの教訓と示唆に富んでいる。

新編「山靴の音」
芳野満彦（中公文庫）

冬の八ヶ岳で遭難、両足指を失った著者が、思索と練成を経てヨーロッパアルプスに挑み、ついに日本人初のマッターホルン北壁登攀を果たすまでの山の青春譜。

定本「北八ツ彷徨」
山口耀久（平凡社）

八ヶ岳の自然を心から愛した著者が、四季の移ろいのなかで一人彷徨い歩いた北八ヶ岳の深い森を、詩情豊かに謳いあげる珠玉の随筆集。

「みんな山が大好きだった」
山際淳司（中公文庫）

内外の先鋭的アルピニストたちの冒険の世界と、その壮絶なまでの生き様を紹介する。雪煙の彼方に消えていった登山家たちの軌跡をたどるノンフィクション作品。

「劔岳＜点の記＞」
新田次郎（文春文庫）

明治時代まで前人未踏といわれていた北アルプス剣岳山頂に、測量のための三角点設置を命じられた陸軍参謀本部陸地測量部（現在の国土地理院）測量官の苦闘を史実に基づいて描いた山岳小説。

「氷壁」
井上靖（新潮文庫）

穂高連峰と東京を舞台に、ナイロンザイルの切断から同行者を失った主人公が、遭難の真相に迫っていく。山岳描写をふんだんに盛り込んだ恋愛と友情のドラマ。実際に起った遭難事件を基に書かれた小説。

近代登山史

近代登山の幕開け

ヨーロッパにおける近代登山の歴史は、イギリス人アルフレッド・ウィルスのヴェッターホルン登山(1854年)に始まるといわれている。日本に近代登山を伝えたのは、イギリス人を中心とするヨーロッパ人。万延元年（1860）には、初代イギリス公使ラザフォード・オルコックが外国人としてははじめて富士登山をしている。明治21年（1888）には、日本の近代登山史幕開けに重要な役割を果たしたイギリス人宣教師W.ウェストンが来日している。

日本ではウェストンの影響を受けた小島烏水、高頭仁兵衛、城数馬らによって明治38年（1905）日本山岳会が創立され、近代登山の考え方が普及することになる。

日本においては古来より、神が宿る神聖な場所として山を崇める信仰登山が盛んに行われてきた。古くは「続日本書紀」に登場する役行者や、北アルプス・槍ヶ岳を開山した播隆上人、全国に「御岳講」を普及させた普寛など、山岳を修行の場として開いていった宗教者たちがいた。また、猟や炭焼き、山菜取り、林業などを生業とする人々が山に入っていたが、山に登り山を楽しむこと自体を目的とした登山は、明治中期以降においてはじめて行われるようになったものだ。

ヒマラヤ黄金時代

ヨーロッパから遅れて近代登山の夜明けを迎えた日本の登山界であるが、海外登山・遠征の試みは意外に早くから始まっている。加賀正太郎（ユングフラウ登頂）や、槇有恒（アイガー東山稜初登攀）などがその先達となり、後の大規模なヒマラヤ遠征に先鞭《せんべん》を付けている。

ヨーロッパの各国が国の威信をかけて取り組んだヒマラヤ未踏峰の征服争いに、日本がはじめて参戦したのが昭和11年（1936）の立教大学隊ナンダ・コート登頂。しかしその後、世界を覆った戦乱の時代の中で、各国ともヒマラヤ登山は一時中断される。

戦後の昭和25年（1950）には、早くもフランス隊が史上初となる8000m峰アンナプルナⅠ峰の登頂に成功、ヒマラヤの未踏峰征服を賭けた黄金時代の幕開けを告げる出来事として記録されることになった。昭和31年（1956）には、日本山岳会の第三次マナスル登山隊が苦難の末に初登頂に成功、8000m峰攻略の歴史に一歩を刻むとともに、国内では一大登山ブームを巻き起こす。

まだまだ娯楽の少ない時代の中で、走り始めた経済成長とともに登山人口は一挙に増加し、「三人寄れば山岳会」などと言われた時代である。

ヒマラヤの8000m峰がすべて登られると、大規模な遠征隊を繰り出す登山スタイルから、少人数短期間で行うアルパインスタイルが主流となり、数々のバリエーションルートが開拓されていき現在に至っている。なかでも、ラインホルト・メスナー（イタリア）は、14座の8000m峰すべてに単独もしくは少人数で登頂、新しい時代の登山スタイルを実証してみせた。

近代登山年表

1854	（安政元）	英国人A.ウィルス　アルプスのヴェッターホルンに登る。 （近代登山の始まりとされる出来事） 英国でアルパイン・クラブ創立（世界初の山岳会）
1860	（万延元）	英国公使オルコックが外国人初の富士山登頂
1865	（慶応元）	ウィンパーがマッターホルンに初登頂
1881	（明治14）	英国人ガウランドが日本の中部山岳地帯を「日本アルプス」と名づける
1888	（明治21）	英国人宣教師W.ウェストンが来日 （日本各地の山に登り、海外に紹介。日本山岳会創設のきっかけを作る）
1900	（明治33）	僧侶・河口慧海がネパールからチベットに入る
1905	（明治38）	日本山岳会が創立
1907	（明治40）	陸地測量部の柴崎芳太郎らが三角点設置のため剣岳に登頂
1910	（明治43）	加賀正太郎がユングフラウ登頂（日本人初の4000m峰） 小島烏水の「日本アルプス」第1巻発行
1913	（大正2）	木曽駒ケ岳で中箕輪小学校の教師、生徒11人遭難
1921	（大正10）	槇有恒がアイガー（3970m）東山稜初登攀
1924	（大正14）	早稲田大学の舟田三郎ら厳冬期の槍ヶ岳に初登頂 英国登山隊のマロリーとアービン、エベレストで遭難
1928	（昭和3）	浦松佐美太郎がヴェッターホルン西山稜の初登攀に成功
1929	（昭和4）	各務良幸モンブランのモン・モディ東南壁を登攀
1931	（昭和6）	シュミット兄弟、マッターホルン北壁初登攀
1936	（昭和11）	加藤文太郎、北鎌尾根で遭難 立教大学隊がナンダコート（6861m）に登頂
1937	（昭和12）	日本山岳会が上高地にW.ウェストンのレリーフを設置
1950	（昭和25）	フランス隊、アンナプルナⅠ峰（8091m）に初登頂 （世界初の8000m峰登頂）
1953	（昭和53）	早稲田大学隊、アコンカグアに登頂
1956	（昭和31）	日本山岳会隊がマナスル（8163m）に初登頂
1962	（昭和37）	愛知学院大山岳部の13人が薬師岳で遭難
1964	（昭和39）	中国隊、シシャ・パンマ（8027m）初登頂
1965	（昭和40）	芳野満彦、渡部恒明がマッターホルン北壁登攀
1967	（昭和42）	今井通子、若山美子がマッターホルン北壁登攀
1970	（昭和45）	日本山岳会隊がエベレスト（8848m）に登頂
1975	（昭和50）	日本女性登山隊の田部井淳子がエベレスト（8848m）に登頂 （女性としては初）
1978	（昭和53）	植村直己が北極圏単独横断
1980	（昭和55）	日本山岳会隊、チョモランマ（エベレスト）北東稜・北西壁から登頂
1984	（昭和59）	植村直己、マッキンレー登頂後に遭難
1986	（昭和61）	メスナーがローツェに登頂 （史上初の8000m峰14座登頂者）

日本の山・標高ベスト100

（マーク）＝日本百名山
（マーク）＝花の名山

順位	山名	標高(メートル)	都道府県	マーク
1	富士山（ふじさん）	3776m	山梨・静岡	日本百名山
2	北岳（きただけ）	3192m	山梨	日本百名山・花の名山
3	奥穂高岳（おくほたかだけ）	3190m	長野・岐阜	日本百名山
4	間ノ岳（あいのだけ）	3189m	山梨・静岡	日本百名山
5	槍ケ岳（やりがたけ）	3180m	長野	日本百名山・花の名山
6	東岳（悪沢岳）（ひがしだけ）	3141m	静岡	日本百名山
7	赤石岳（あかいしだけ）	3120m	長野・静岡	日本百名山
8	涸沢岳（からさわだけ）	3110m	長野・岐阜	
9	北穂高岳（きたほたかだけ）	3106m	長野・岐阜	
10	大喰岳（おおばみだけ）	3101m	長野・岐阜	
11	前穂高岳（まえほたかだけ）	3090m	長野	
12	中岳（なかだけ）	3084m	長野・岐阜	
13	荒川岳（あらかわだけ）	3083m	静岡	
14	御嶽山（おんたけさん）	3067m	長野	日本百名山
15	農鳥岳（西）（のうとりだけ）	3051m	山梨・静岡	
16	塩見岳（しおみだけ）	3047m	長野・静岡	日本百名山
17	仙丈ケ岳（せんじょうがたけ）	3032.7m	山梨・長野	日本百名山・花の名山
18	南岳（みなみだけ）	3032.7m	長野・岐阜	
19	乗鞍岳（のりくらだけ）	3026m	長野・岐阜	日本百名山
20	立山（大汝山）（たてやま）	3015m	富山	日本百名山
21	聖岳（ひじりだけ）	3013m	長野・静岡	日本百名山
22	剱岳（つるぎだけ）	2998m	富山	日本百名山
23	水晶岳（黒岳）（すいしょうだけ）	2986m	富山	日本百名山
24	甲斐駒ケ岳（かいこまがたけ）	2967m	山梨・長野	日本百名山・花の名山
25	木曽駒ケ岳（きそこまがたけ）	2956m	長野	日本百名山・花の名山
26	白馬岳（しろうまだけ）	2932m	富山・長野	日本百名山・花の名山
27	薬師岳（やくしだけ）	2926m	富山	日本百名山
28	野口五郎岳（のぐちごろうだけ）	2924.3m	富山・長野	
29	鷲羽岳（わしばだけ）	2924.2m	富山・長野	日本百名山
30	大天井岳（おてんしょうだけ）	2922m	長野	
31	西穂高岳（にしほたかだけ）	2909m	長野・岐阜	花の名山
32	白馬鑓ケ岳（しろうまやりがたけ）	2903m	富山・長野	
33	赤岳（あかだけ）	2899m	山梨・長野	花の名山・日本百名山 八ヶ岳
34	笠ケ岳（かさがたけ）	2897m	岐阜	日本百名山
35	広河内岳（ひろごうちだけ）	2895m	山梨・静岡	
36	鹿島槍ケ岳（かしまやりがたけ）	2889m	富山・長野	日本百名山・花の名山
37	別山（べつざん）	2880m	富山	
38	龍王岳（りゅうおうだけ）	2872m	富山	
39	旭岳（あさひだけ）	2867m	富山	
40	蝙蝠岳（こうもりだけ）	2865m	静岡	
41	空木岳（うつぎだけ）	2864.2m	長野	
42	赤牛岳（あかうしだけ）	2863.2m	富山	日本百名山
43	真砂岳（まさごだけ）	2861m	富山	
44	双六岳（すごろくだけ）	2860m	長野・岐阜	花の名山
45	常念岳（じょうねんだけ）	2857m	長野	
46	三ノ沢岳（さんのさわだけ）	2846m	長野	
47	三ツ岳（みつだけ）	2845m	富山県・長野	
48	三俣蓮華岳（みつまたれんげだけ）	2841.2m	富山・長野・岐阜	
49	南駒ケ岳（みなみこまがたけ）	2841m	長野	
50	観音岳（かんのんだけ）	2840m	山梨	花の名山・日本百名山 鳳凰山

※ 標高はすべて国土地理院 1/25000 地形図の標高点に基に小数点以下四捨五入。
四捨五入後同数値の場合は小数点第一位まで表記。小数点第一まで同数の場合は 50 音順。
※ 深田久弥の日本百名山での表記が違う場合は、百名山の欄に山名を表記した。
※ 花の名山は、JTB 発行・大人の遠足 BOOK「花の百名山　山あるきガイド」上・下巻による。

51	黒部五郎岳（くろべごろうだけ）	2840m	富山・岐阜
52	横岳（よこだけ）	2829m	長野
53	祖父岳（じいだけ）	2825m	富山
54	針の木岳（はりのきだけ）	2821m	富山・長野
55	大沢岳（おおさわだけ）	2819m	長野・静岡
56	兎岳（うさぎだけ）	2818m	長野・静岡
57	五竜岳（ごりゅうだけ）	2814.1m	富山
58	東天井岳（ひがしてんじょうだけ）	2814.0m	長野
59	抜戸岳（ぬけどだけ）	2813m	岐阜
60	杓子岳（しゃくしだけ）	2812m	富山・長野
61	中盛丸山（なかもりまるやま）	2807m	長野・静岡
62	阿弥陀岳（あみだだけ）	2805m	長野
63	上河内岳（かみこうちだけ）	2803m	静岡
64	小河内岳（こごうちだけ）	2802m	静岡・長野
65	アサヨ峰（あさよみね）	2799.1m	山梨
66	蓮華岳（れんげだけ）	2798.7m	富山・長野
67	薬師岳（やくしだけ）	2780m	山梨
68	高嶺（たかみね）	2779m	山梨
69	熊沢岳（くまざわだけ）	2778m	長野
70	剱御前（つるぎごぜん）	2777m	富山
71	小蓮華山（これんげさん）	2769m	新潟・長野
72	赤岩岳（あかいわだけ）	2768.7m	長野
73	横通岳（よことおしだけ）	2767m	長野
74	大籠岳（おおこもりだけ）	2767m	山梨・静岡
75	地蔵岳（じぞうだけ）	2764m	山梨
76	燕岳（つばくろだけ）	2763m	長野
77	硫黄岳（いおうだけ）	2760m	長野
78	西岳（にしだけ）	2758m	長野
79	樅沢岳（もいみさわだけ）	2755m	長野・岐阜
80	スバリ岳（すばりだけ）	2752.1m	富山・長野
81	駒津峰（こまつみね）	2752m	山梨・長野
82	仙涯嶺（せんがいれい）	2734m	長野
83	笹山（ささやま）	2733m	山梨・静岡
84	将棊頭山（しょうぎがしらやま）	2730m	長野
85	檜尾岳（ひのきおだけ）	2728m	長野・静岡
86	烏帽子岳（えぼしだけ）	2726m	長野・静岡
87	小太郎山（こたろうやま）	2725m	山梨
88	権現岳（ごんげんだけ）	2715m	山梨
89	南真砂岳（みなみまさごだけ）	2713m	長野
90	白山（はくさん）	2702m	岐阜・石川
91	北荒川岳（きたあらかわだけ）	2698m	長野
92	唐松岳（からまつだけ）	2696m	長野・富山
93	安部荒倉岳（あべあらくらだけ）	2693m	長野・静岡
94	鋸岳（のこぎりだけ）	2685m	山梨・長野
95	赤沢岳（あかさわだけ）	2678m	富山・長野
96	蝶ケ岳（ちょうがたけ）	2677m	長野
97	東川岳（ひがしかわだけ）	2671m	長野
98	赤沢山（あかさわやま）	2670.3m	長野
99	爺ケ岳（じいがたけ）	2669.8m	長野・富山
100	新蛇抜山（しんじゃぬけやま）	2667m	長野・静岡

深田久弥の日本百名山

◯=入門者向け
●=初級者向け
●●=中級者向け
●●●=上級者向け
●●●●=ベテラン向け

順位	山名	標高(メートル)	都道府県	難易度
1	利尻岳(りしりだけ)	1721m	北海道	●●
2	羅臼岳(らうすだけ)	1661m	北海道	●●
3	斜里岳(しゃりだけ)	1547m	北海道	●●
4	阿寒岳(あかんだけ)	1499m	北海道	●●
5	大雪山(だいせつざん)	2290m	北海道	●●
6	トムラウシ(とむらうし)	2141m	北海道	●●
7	十勝岳(とかちだけ)	2077m	北海道	●●
8	幌尻岳(ぽろしりだけ)	2052m	北海道	●●●●
9	後方羊蹄山(しりべしやま)	1898m	北海道	●●●
10	岩木山(いわきさん)	1625m	青森	●●
11	八甲田山(はっこうださん)	1584m	青森	●●
12	八幡平(はちまんたい)	1613m	秋田・岩手	●
13	岩手山(いわてさん)	2038m	岩手	●●
14	早池峰(はやちね)	1917m	岩手	●●
15	鳥海山(ちょうかいさん)	2236m	山形	●●●
16	月山(がっさん)	1984m	山形	●
17	朝日岳(あさひだけ)	1870m	山形	●●●
18	蔵王山(ざおうさん)	1841m	山形・宮城	◯
19	飯豊山(いいでさん)	2128m	福島・山形 新潟	●●●
20	吾妻山(あづまやま)	2035m	福島・山形	●●
21	安達太良山(あだたらやま)	1700m	福島	●
22	磐梯山(ばんだいさん)	1819m	福島	●
23	会津駒ケ岳(あいづこまがたけ)	2133m	福島	●●
24	那須岳(なすだけ)	1917m	栃木・福島	●●
25	魚沼駒ケ岳(うおぬまこまがたけ)	2003m	新潟	●●
26	平ケ岳(ひらがたけ)	2141m	新潟・群馬	●●●
27	巻機山(まきはたやま)	1967m	群馬・新潟	●●
28	燧ケ岳(ひうちがたけ)	2356m	福島	●●
29	至仏山(しぶつさん)	2228m	群馬	●●
30	谷川岳(たにがわだけ)	1977m	群馬・新潟	●●
31	雨飾山(あまかざりやま)	1963m	新潟・長野	●
32	苗場山(なえばさん)	2145m	新潟・長野	●●
33	妙高山(みょうこうさん)	2454m	新潟	●●
34	火打山(ひうちやま)	2462m	新潟	●●
35	高妻山(たかづまやま)	2353m	新潟・長野	●●
36	男体山(なんたいさん)	2484m	栃木	●●
37	奥白根山(おくしらねさん)	2578m	群馬・栃木	●
38	皇海山(すかいさん)	2144m	栃木・群馬	●●●
39	武尊山(ほたかやま)	2158m	群馬	●●
40	赤城山(あかぎさん)	1828m	群馬	●
41	草津白根山(くさつしらねさん)	2171m	群馬	◯
42	四阿山(あずまやさん)	2354m	長野・群馬	●
43	浅間山(あさまやま)	2568m	長野・群馬	●
44	筑波山(つくばさん)	876m	茨城	●
45	白馬岳(しろうまだけ)	2932m	長野・富山 新潟	●●●
46	五竜岳(ごりゅうだけ)	2814m	長野・富山	●●
47	鹿島槍岳(かしまやりがたけ)	2889m	長野・富山	●●
48	剣岳(つるぎだけ)	2998m	富山	●●●●
49	立山(たてやま)	3015m	富山	●
50	薬師岳(やくしだけ)	2926m	富山	●●●

※ 難易度・標高は、JTB発行「日本百名山　山あるきガイド」上・下巻のコースによる。

No.	山名	標高	所在地	難易度
51	黒部五郎岳(くろべごろうだけ)	2840m	富山・岐阜	●●●○
52	黒岳(くろだけ)	2978m	富山	●●●○
53	鷲羽岳(わしばだけ)	2924m	富山・長野	●●●○
54	槍ケ岳(やりがたけ)	3180m	長野・岐阜	●●●○
55	穂高岳(ほたかだけ)	3190m	長野・岐阜	●●●○
56	常念岳(じょうねんだけ)	2857m	長野	●●○○
57	笠ケ岳(かさがたけ)	2898m	岐阜	●●○○
58	焼岳(やけだけ)	2455m	長野・岐阜	●●○○
59	乗鞍岳(のりくらだけ)	3026m	長野・岐阜	●○○○
60	御嶽(おんたけ)	3067m	長野・岐阜	●●○○
61	美ケ原(うつくしがはら)	2034m	長野	●○○○
62	霧ケ峰(きりがみね)	1925m	長野	●○○○
63	蓼科山(たてしなやま)	2530m	長野	●○○○
64	八ケ岳(やつがたけ)	2899m	長野・山梨	●●●○
65	両神山(りょうがみさん)	1723m	埼玉	●●○○
66	雲取山(くもとりやま)	2017m	東京・埼玉 山梨	●●○○
67	甲武信岳(こぶしだけ)	2475m	長野・山梨 埼玉	●●○○
68	金峰山(きんぷざん)	2599m	山梨・長野	●●○○
69	瑞牆山(みずがきやま)	2230m	山梨	●○○○
70	大菩薩岳(だいぼさつだけ)	2057m	山梨	●○○○
71	丹沢山(たんざわさん)	1567m	神奈川	●●○○
72	富士山(ふじさん)	3776m	山梨・静岡	●●○○
73	天城山(あまぎさん)	1406m	静岡	●○○○
74	木曽駒ケ岳(きそこまがたけ)	2956m	長野	●○○○
75	空木岳(うつぎだけ)	2864m	長野	●●○○
76	恵那山(えなさん)	2191m	岐阜・長野	●●○○
77	甲斐駒ケ岳(かいこまがたけ)	2967m	山梨・長野	●●○○
78	仙丈岳(せんじょうだけ)	3033m	長野・山梨	●●○○
79	鳳凰山(ほうおうさん)	2840m	山梨	●●○○
80	北岳(きただけ)	3192m	山梨	●●●○
81	間ノ岳(あいのだけ)	3189m	山梨・静岡	●●●○
82	塩見岳(しおみだけ)	3052m	静岡・長野	●●●○
83	悪沢岳(わるさわだけ)	3141m	長野	●●●○
84	赤石岳(あかいしだけ)	3120m	静岡・長野	●●●○
85	聖岳(ひじりだけ)	3013m	静岡・長野 山梨	●●●○
86	光岳(てかりだけ)	2591m	静岡・長野	●●●○
87	白山(はくさん)	2702m	石川・岐阜	●●○○
88	荒島岳(あらしまだけ)	1523m	福井	●●○○
89	伊吹山(いぶきやま)	1377m	滋賀	●●○○
90	大台ケ原山(おおだいがはらやま)	1695m	奈良・三重	●○○○
91	大峰山(おおみねさん)	1915m	奈良	●●○○
92	大山(だいせん)	1729m	鳥取	●●○○
93	剣山(つるぎさん)	1955m	徳島	●○○○
94	石鎚山(いしづちやま)	1982m	愛媛	●●○○
95	九重山(くじゅうさん)	1791m	大分	●○○○
96	祖母山(そぼさん)	1756m	大分・宮崎	●●○○
97	阿蘇山(あそさん)	1592m	熊本	●○○○
98	霧島山(きりしまやま)	1700m	宮崎・鹿児島	●○○○
99	開聞岳(かいもんだけ)	924m	鹿児島	●○○○
100	宮ノ浦岳(みやのうらだけ)	1935m	鹿児島	●●○○

もうひとつの百名山（「深田久弥・日本百名山」後記に挙げられた名山）

順位	山名	標高(メートル)	都道府県	1/25000図
1	ウペペサンケ山 （うぺぺさんけやま）	1848m	北海道	ウペペサンケ山
2	ニペソツ山 （にぺそつやま）	2013m	北海道	ニペソツ山
3	石狩岳 （いしかりだけ）	1967m	北海道	石狩岳
4	ペテガリ岳 （ぺてがりだけ）	1736m	北海道	ピリガイ山 神威岳 ヤオロマップ岳
5	芦別岳 （あしべつだけ）	1727m	北海道	芦別岳
6	駒ケ岳 （こまがたけ）	1131m	北海道	駒ケ岳
7	樽前山 （たるまえさん）	1041m	北海道	樽前山 風不死岳
8	秋田駒ケ岳 （あきたこまがたけ）	1637m	秋田 岩手	秋田駒ケ岳
9	栗駒山 （くりこまやま）	1627m	秋田・岩手 宮城	栗駒山
10	森吉山 （もりよしやま）	1454m	秋田	森吉山
11	姫神山 （ひめかみさん）	1124m	岩手	渋民 陸中南山形
12	船形山 （ふながたやま）	1500m	宮城 山形	船形山 升沢
13	女峰山 （にょほうさん）	2483m	栃木	日光北部
14	仙ノ倉山 （せんのくらやま）	2026m	群馬 新潟	三国峠
15	黒姫山 （くろひめやま）	2053m	長野	若槻・戸隠
16	飯縄山 （いいづなやま）	1917m	長野	若槻・戸隠
17	守門山 （すもんだけ）	1537m	新潟	守門岳 穴沢・栃堀
18	荒沢岳 （あらさわだけ）	1969m	新潟	銀山湖
19	白砂山 （しらすなやま）	2140m	新潟・群馬 長野	野反湖
20	鳥甲山 （とりかぶとやま）	2038m	長野	明・鳥甲山 苗場山
21	岩菅山 （いわすげやま）	2295m	長野	岩菅山
22	雪倉岳 （ゆきくらだけ）	2611m	新潟 富山	白馬岳
23	奥大日岳 （おくだいにちだけ）	2611m	富山	剱岳
24	針ノ木岳 （はりのきだけ）	2821m	長野 富山	黒部湖
25	蓮華岳 （れんげだけ）	2799m	長野 富山	黒部湖
26	燕岳 （つばくろだけ）	2763m	長野	槍ケ岳
27	大天井岳 （おてんしょうだけ）	2922m	長野	槍ケ岳
28	霞沢岳 （かすみざわだけ）	2646m	長野	上高地
29	有明山 （ありあけやま）	2268m	長野	有明
30	餓鬼岳 （がきだけ）	2647m	長野	槍ケ岳 烏帽子岳 大町南部
31	毛勝岳 （けかちだけ）	2414m	富山	毛勝山
32	大無間山 （だいむげんざん）	2329m	静岡	畑薙湖・池口岳
33	笊ケ岳 （ざるがだけ）	2629m	静岡 山梨	新倉・七面山
34	七面山 （しちめんさん）	1989m	山梨	七面山・身延
35	笈ケ岳 （おいずるがたけ）	1841m	岐阜・富山 石川	中宮温泉
36	鈴鹿・御在所岳 （すずか・ござしょだけ）	1212m	滋賀 三重	御在所山
37	比良・武奈ケ岳 （ひら・ぶながたけ）	1214m	滋賀	北小松・比良山
38	氷ノ山 （ひょうのせん）	1510m	兵庫 鳥取	氷ノ山・若桜
39	由布山 （ゆふだけ）	1586m	大分	別府西部
40	市房山 （いちふさやま）	1721m	宮崎 熊本	市房山
41	桜島・御岳 （さくらじま・おんたけ）	1117m	鹿児島	桜島北部

※ 山名は現在の一般的呼称に合わせた。ウペペサンケ山、蓮華岳、以外はすべて深田クラブ選定の「日本二百名山」に挙げられている。

富士山を展望できる山

（※富士山山頂から50km圏内の初級～中級者向けの山を紹介している。）

山　名　標高(メートル)　都道府県

高川山（たかがわやま）　976m　山梨県都留市
アプローチ：JR初狩駅または富士急行線行田野倉駅
都留市街地の北側に位置し、富士山はもちろん南アルプス、丹沢方面の眺めが良い。

雁ヶ腹摺山（がんがはらすりやま）　1874m　山梨県大月市
アプローチ：JR身延線内船（うつぶな）駅
朝霧高原や駿河湾まで望め、眼前には高い山がないので富士山の姿はあますことなく堪能できる。

岩殿山（いわどのさん）　634m　山梨県大月市
アプローチ：JR大月駅
山頂付近からは大月市街が手にとるように望め、その向こう側には山並みの奥に富士山が見える。

黒岳（くろだけ）　1793m　山梨県富士河口湖町
アプローチ：富士急行線行河口湖駅からバス、三ツ峠入口下車
河口湖の北側に見える山で、稜線上には御坂峠など展望がよいハイキングの名所が名を連ねる。

蛾ヶ岳（ひるがたけ）　1279m　山梨県市川三郷町
アプローチ：JR身延線市川大門駅からタクシーで四尾連湖（しびれこ）
山頂からは本栖湖周辺の山々が連なり、これらを従えるようにそそり立つ富士山が見える。

毛無山（けなしやま）　1945m　山梨県身延町
アプローチ：JR身延線下部温泉駅からタクシーで登山道入口
朝霧高原や駿河湾まで望め、眼前には高い山がないので富士山の姿をあますことなく堪能できる。

思親山（ししんざん）　1031m　山梨県南部町
アプローチ：JR身延線内船（うつぶな）駅
途中の佐野峠も富士展望の名所。山頂からは左に富士山、右には駿河湾が迫る。

長者ヶ岳（ちょうじゃがたけ）　1336m　静岡県富士宮市
アプローチ：JR身延線富士宮駅から富士急バスで田貫湖入口下車
頂上は東側が開けており、富士山からの日の出を見る絶好のポイントの一つ。

三ツ峠山（みつとうげさん）　1785m　山梨県富士河口湖町
アプローチ：富士急行河口湖駅または三つ峠駅
三ツ峠は開運山・御巣鷹山・木無山の総称だが、富士の展望地として第一にあげられる山だ。

富士見山（ふじみやま）　1640m　山梨県身延町
アプローチ：JR身延線甲斐岩間駅からタクシーで平須登山口
山頂には展望台があり、富士山はもとより、反対側には南アルプスや遠く白根三山まで見渡せる。

七面山（しちめんざん）　1982m　山梨県身延町
アプローチ：JR身延線身延駅からバスで角瀬、角瀬からタクシーで羽衣登山口
山頂付近の大崩壊地も見どころのひとつ。10時間ほどかかる中級向き。

大菩薩嶺（だいぼさつれい）　2057m　山梨県甲州市
アプローチ：JR中央本線塩山駅からバスで大菩薩峠登山口
峠から山頂までの稜線は草原になっており、富士山とともに多くの花も見られる。

大蔵高丸（おおくらたかまる）　1781m　山梨県甲州市・大月市
アプローチ：JR中央本線甲斐大和駅からタクシーで湯ノ沢峠
大菩薩嶺から南に続く尾根上にある山梨百名山の一つ。山頂付近は広い草原で、展望は良好。

雁坂峠（かりさかとうげ）　2082m　山梨県山梨市
アプローチ：JR中央本線塩山駅からバス新地平下車
標高差は1000mにもなり、南へ伸びる古札山あたりの尾根上に小さいながらも富士山が姿を現す。

杓子山（しゃくしやま）　1598m　山梨県富士吉田市
アプローチ：富士急行線富士吉田駅からタクシーで慈光院
富士山との間には山中湖があるだけなので、その眺望は群を抜いている。登山道途中にある1500万年前の地層も有名。

パノラマ台（ぱのらまだい）　1328m　山梨県富士河口湖町
アプローチ：富士急行線河口湖駅からバスでパノラマ台下
この山から見る富士山は、手前に大室山が重なって見えるので「子抱富士」と呼ばれている。

竜ヶ岳（りゅうがだけ）　1485m　山梨県富士河口湖町
アプローチ：富士急行線河口湖駅からバスで「本栖湖」
12月中旬の数日間、ダイヤモンド富士が見えることで有名。富士山の反対側には南アルプスも望める。

大平山（おおひらやま）　1295m　山梨県山中湖村
アプローチ：富士急行線富士吉田駅からバスで平野下車
眼下に広がる山中湖とその後に聳える富士山は絶景。

権現山（ごんげんやま）　1311m　山梨県上野原市
アプローチ：JR中央本線猿橋バス停からバスで浅川終点
富士山は近くの山並みの後にやや控えめに見えるが、バランスのとれた遠景だ。

鳥井立（とりいだち）　1048m　山梨県上野原市
アプローチ：JR中央本線上野原駅からバスで村営鈎場下車
秋山村と道志村の境界にあたり、ここからの富士山は左手に宝永山が目立つ特徴的な姿だ。

陣馬山（じんばさん）　855m　東京都八王子市
アプローチ：JR八王子駅からバスで陣馬高原下下車
山頂には白馬のモニュメントがあり、山梨の上野原や道志村方面の山々越しに富士山がきれいな姿を見せる。

三国山（みくにやま）　1384m　山梨県山中湖村
アプローチ：富士急行線富士吉田駅からバスで東電寮入口下車
山中湖を入れた富士山の夕景を見るポイントでもある。尾根道は草原状で、四季を通して楽しめる。

鍋割山（なべわりさん）　1273m　神奈川県秦野市
アプローチ：小田急線渋沢駅からバスで大倉下車
山頂からはきれいな裾野をひるがえした富士山や相模湾などが展望できる。

大山（おおやま）　1252m　神奈川県伊勢原市
アプローチ：小田急線伊勢原駅からバスで大山ケーブル駅下車
富士山は頂上のほか富士見台などから丹沢越しに見える。

大野山（おおのやま）　723m　神奈川県山北町
アプローチ：JR御殿場線山北駅
富士山の展望も良いが、北は丹沢湖、南は足柄平野を一望できる。

矢倉岳（やぐらだけ）　870m　神奈川県南足柄市
アプローチ：伊豆箱根鉄道大雄山線大雄山駅近くの関本バス停からバスで地蔵堂下車
山頂からは広い裾野に御殿場の市街地を控えた富士山が迫ってくる。

神山（かみやま）　1438m　神奈川県箱根町
アプローチ：箱根駒ケ岳ケーブルカー山頂駅
富士山は頂上下からのみ見えるが、ケーブルカー駅からすぐの駒ケ岳山頂からも芦ノ湖と富士山の展望が良い。

岩戸山（いわとやま）　734m　静岡県熱海市
アプローチ：東海道本線熱海駅からバスで伊豆山神社前下車
山頂からは富士のほか相模湾・駿河湾も望める。

越前岳（えちぜんだけ）　1504m　静岡県裾野市
アプローチ：JR御殿場線御殿場駅からバスで愛鷹登山口バス停下車
富士山の南東の裾野に位置し、その距離はわずか15kmほど。広々した十里木高原とあいまって、ここからの富士山は特に雄大に見える。

発端丈山（ほったんじょうさん）　452m　静岡県伊豆の国市
アプローチ：かつらぎ山ロープウェイで葛城山頂駅
駿河湾越しに眺める富士山はまさに絶景だ。

花の名山100

初級者向け ↗
入門者向け ➚
中級者向け ➚➚
上級者向け ➚➚➚

北海道

No	山名	標高(メートル)	主な花名	難易度
1	利尻山(りしりざん)	1721m	(夏)リシリヒナゲシ (夏)リシリゲンゲ	➚➚➚
2	礼文島(れぶんとう)	265m	(夏)レブンアツモリソウ (夏)レブンコザクラ	➚➚
3	羅臼岳(らうすだけ)	1661m	(夏)エゾツツジ (夏)ジムカデ (夏)イワウメ	➚➚
4	斜里岳(しゃりだけ)	1547m	(夏)ミヤマダイモンジソウ (夏)チシマフウロ	➚➚
5	雌阿寒岳(めあかんだけ)	1499m	(夏)メアカンフスマ (夏)メアカンキンバイ	➚
6	小泉岳・白雲岳(大雪山)(こいずみだけ・はくうんだけ・だいせつざん)	2230m	(夏)エゾタカネツメクサ (夏)アオノツガザクラ	➚➚
7	富良野岳(ふらのだけ)	1912m	(夏)エゾツツジ (夏)イワヒゲ (夏)エゾルリソウ	➚
8	暑寒別岳(しょかんべつだけ)	1491m	(夏)エゾシオガマ (夏)サマニヨモギ	➚➚➚
9	夕張岳(ゆうばりだけ)	1668m	(夏)ユウパリコザクラ (夏)ユウバリソウ	➚➚
10	アポイ岳(あぽいだけ)	811m	(夏)アポイタチツボスミレ (夏)アポイクワガタ	➚
11	樽前山(たるまえさん)	1023m	(夏)タルマイソウ (夏)ウコンウツギ (夏)イワヒゲ	➚
12	目国内岳(めくんないだけ)	1220m	(夏)イワウメ (夏)エゾセンテイカ	➚
13	大千軒岳(だいせんげんだけ)	1072m	(夏)ミヤマダイモンジソウ (夏)トウゲブキ	➚

東北

No	山名	標高(メートル)	主な花名	難易度
14	岩木山(いわきさん)	1625m	(夏)ミチノクコザクラ (夏)イワカガミ	➚➚
15	八甲田山(はっこうださん)	1584m	(夏)イワブクロ (夏)ヒナザクラ	➚➚
16	八幡平(はちまんたい)	1613m	(夏)ワタスゲ (夏)ハクサンチドリ (夏)クルマユリ	➚
17	秋田駒ケ岳(あきたこまがたけ)	1637m	(夏)ヒナザクラ (夏)オオバキスミレ	➚➚
18	早池峰山(はやちねさん)	1917m	(夏)ハヤチネウスユキソウ (夏)ナンブトラノオ	➚➚
19	薬師岳(やくしだけ)	1645m	(夏)オサバグサ、ヒカリゴケ (夏)キンロバイ	➚➚
20	五葉山(ごようさん)	1341m	(夏)ハクサンシャクナゲ (夏)ノハナショウブ	➚
21	鳥海山(ちょうかいさん)	2236m	(夏)チョウカイフスマ (夏)チョウカイアザミ	➚➚➚
22	月山(がっさん)	1980m	(夏)ミヤマリンドウ (夏)ウサギギク (夏)ヘビイチゴ	➚
23	栗駒山(くりこまやま)	1627m	(夏)ヒナザクラ (夏)イワカガミ (夏)ワタスゲ	➚
24	安達太良山(あだたらやま)	1700m	(夏)ベニサラサドウダン (夏)レンゲツツジ	➚
25	大滝根山(おおたきねやま)	1192m	(夏)アズマシャクナゲ (夏)クリンソウ	➚
26	鎌倉岳(かまくらだけ)	967m	(夏)ヒトリシズカ (春)ニリンソウ	➚➚
27	田代山(たしろやま)	1971m	(夏)ワタスゲ (夏)コイワカガミ	➚
28	会津駒ケ岳(あいづこまがたけ)	2133m	(夏)ハクサンコザクラ (夏)キンコウカ	➚➚
29	燧ケ岳(ひうちがたけ)	2356m	(夏)ニッコウキスゲ (夏)コオニユリ	➚➚

上信越・北関東

No	山名	標高(メートル)	主な花名	難易度
30	守門岳(すもんだけ)	1537m	(夏)ヒメサユリ (夏)ニッコウキスゲ	➚
31	浅草岳(あさくさだけ)	1586m	(夏)ヒメサユリ (夏)ウラジロヨウラク	➚➚
32	角田山(かくだやま)	482m	(夏)スカシユリ (春)ユキワリソウ	➚
33	金北山(きんぽくさん)	1172m	(夏)カタクリ (春)ヤマエンゴサク	➚➚
34	苗場山(なえばさん)	2145m	(夏)ヒメシャジン (夏)オニシオガマ	➚➚
35	戸隠山(とがくしやま)	1904m	(夏)トガクシショウマ (春)カタクリ	➚➚➚
36	妙高山・火打山(みょうこうさん・ひうちやま)	2454m・2462m	(夏)ミョウコウトリカブト (夏)ハクサンコザクラ	➚➚
37	志賀高原(しがこうげん)	2037m	(夏)ワタスゲ (夏)ヒメシャクナゲ	➚
38	根子岳(ねこだけ)	2207m	(夏)マツムシソウ (夏)ウメバチソウ	➚
39	高峰山(たかみねやま)	2092m	(夏)レンゲツツジ (夏)ニッコウキスゲ	➚
40	尾瀬(おぜ)	1400m・(尾瀬ケ原)	(夏)ミズバショウ (夏)ニッコウキスゲ	➚
41	至仏山(しぶつさん)	2228m	(夏)ハクサンイチゲ (夏)シナノキンバイ	➚➚
42	日光白根山(にっこうしらねさん)	2578m	(夏)シラネアオイ (夏)コイワカガミ	➚
43	赤城山(あかぎさん)	1828m	(夏)レンゲツツジ (夏)シロヤシオ	➚
44	榛名山(はるなさん)	1411m	(夏)ユウスゲ (夏)ノハナショウブ	➚➚
45	鳴神山(なるかみやま)	980m	(春)カッコウソウ (春)アカヤシオ	➚➚
46	三毳山(みかもやま)	229m	(春)カタクリ (夏)アズマイチゲ (春)ヤマツツジ	➚
47	高鈴山(たかすずやま)	623m	(春)ハチジョウキブシ (春)ショウジョウバカマ	➚

東京近郊

No	山名	標高(メートル)	主な花名	難易度
48	高尾山(たかおさん)	599m	(春)ヤマザクラ (春)チゴユリ (春)ハナイカダ	↗
49	武州御嶽山(ぶしゅうみたけさん)	1267m	(春)イワウチワ (春)カタクリ	➚➚
50	川苔山(かわのりやま)	1363m	(春)ミツバツツジ (春)シロバナエンレイソウ	➚➚

奥秩父・中央線

51	両神山（りょうかみさん）	1723m	(春)アカヤシオ (春)ニリンソウ	➚➚
52	国師ケ岳・乙女高原（こくしがだけ・おとめこうげん）	2592m	(夏)アキノキリンソウ (夏)ゴゼンタチバナ	↗
53	甲武信岳（こぶしだけ）	2475m	(夏)ハクサンシャクナゲ (夏)ヤナギラン	➚➚
54	雲取山（くもとりやま）	2017m	(夏)イチヤクソウ (夏)シモツケソウ	➚➚➚
55	乾徳山（けんとくさん）	2031m	(夏)シモツケソウ (夏)ウツボグサ	➚➚
56	大菩薩嶺（だいぼさつれい）	2057m	(夏)ヤナギラン (春)レンゲツツジ	↗
57	三ツ峠山（みつとうげやま）	1785m	(夏)フジアザミ (夏)レンゲショウマ	↗
58	入笠山（にゅうがさやま）	1955m	(夏)クサレダマ (夏)クリンソウ	↗
59	鉢伏山（はちぶせやま）	1929m	(夏)レンゲツツジ (夏)ノアザミ、スズラン	➚
60	霧ケ峰（きりがみね）	1925m	(夏)ニッコウキスゲ (夏)ノハナショウブ	↗
61	八ケ岳（やつがたけ）	2899m	(夏)コマクサ (夏)ヤツガタケキスミレ	➚➚➚
62	蓼科山（たてしなやま）	2530m	(夏)マツムシソウ (夏)アキノキリンソウ	➚
63	櫛形山（くしがたやま）	2054m	(夏)アヤメ (夏)テガタチドリ	↗
64	鳳凰山（ほうおうさん）	2840m	(夏)ホウオウシャジン (夏)タカネビランジ	➚➚➚
65	北岳（きただけ）	3192m	(夏)キタダケソウ (夏)シナノキンバイ	➚➚➚
66	甲斐駒ケ岳（かいこまがたけ）	2967m	(夏)ハクサンシャクナゲ (夏)ウサギギク	➚➚
67	仙丈ケ岳（せんじょうがだけ）	3033m	(夏)ミヤマダイコンソウ (夏)ヨシバシオガマ	➚➚
68	木曽駒ケ岳・宝剣岳（きそこまがたけ・ほうけんだけ）	2956m・2931m	(夏)コマウスユキソウ (夏)シナノキンバイ	➚➚

北アルプス

69	西穂高岳（にしほたかだけ）	2909m	(夏)シナノキンバイ (夏)ツマトリソウ	➚➚➚
70	槍ケ岳（やりがたけ）	3180m	(夏)クルマユリ (夏)ハクサンイチゲ	➚➚➚
71	双六岳（すごろくだけ）	2860m	(夏)ミヤマクロユリ (夏)ヨシバシオガマ	➚➚
72	薬師岳・黒部五郎岳（やくしだけ・くろべごろうだけ）	2626m・2840m	(夏)キバナシャクナゲ (夏)ミヤマキンバイ	➚➚➚
73	針ノ木岳・蓮華岳（はりのきだけ・れんげだけ）	2821m・2799m	(夏)コマクサ (夏)チングルマ	➚➚➚
74	鹿島槍ケ岳（かしまやりがたけ）	2889m	(夏)シナノキンバイ (夏)チシマギキョウ	➚➚
75	白馬岳（しろうまだけ）	2932m	(夏)ウルップソウ (夏)ツクモグサ	➚➚➚
76	五色ケ原（ごしきがはら）	2490m	(夏)イワツメクサ (夏)ツガザクラ	➚➚➚

伊豆・伊豆諸島

77	天城山（あまぎさん）	1406m	(春)アマギシャクナゲ (春)アセビ	➚
78	天上山（てんじょうさん）	572m	(夏)シマキンレイカ (夏)ハチジョウショウマ	➚

北陸・東海・近畿

79	白山（はくさん）	2702m	(夏)ハクサンコザクラ (夏)ミヤマクロユリ	➚➚
80	葦毛湿原（いもうしつげん）	250m	(春)ミカワバイケイソウ (春)ショウジョウバカマ	↗
81	藤原岳（ふじわらだけ）	1128m	(春)カタクリ (春)フクジュソウ	➚
82	霊仙山（りょうぜんさん）	1084m	(秋)リュウノウギク (夏)テンナンショウ	➚➚
83	伊吹山（いぶきやま）	1377m	(夏)イブキジャコウソウ (夏)シモツケソウ	➚➚
84	三上山（みかみやま）	432m	(夏)イワナシ (春)タチツボスミレ	↗
85	冷水山（ひやみずやま）	1262m	(春)ゴヨウツツジ (夏)ホソバノヤマハハコ	➚➚➚
86	大台ケ原（おおだいがはら）	1695m	(夏)ホンシャクナゲ (夏)シロヤシオ	➚
87	氷ノ山（ひょうのせん）	1510m	(夏)イワカガミ (春)(夏)(秋)ヒョウノセンカタバミ	➚➚➚

中国・四国

88	大山（だいせん）	1709m	(夏)ナンゴククガイソウ (夏)シモツケソウ	➚➚
89	船上山（せんじょうさん）	615m	(夏)(秋)アキノキリンソウ (夏)(秋)ツリフネソウ	➚
90	道後山（どうごやま）	1269m	(秋)アケボノソウ (夏)(秋)ウメバチソウ	➚
91	剣山（つるぎさん）	1955m	(夏)キレンゲショウマ (夏)ツルギハナウド	➚
92	石鎚山（いしづちさん）	1982m	(夏)イシヅチボウフウ (夏)シコクイチゲ	➚➚➚
93	東赤石山（ひがしあかいしやま）	1707m	(夏)オトメシャジン (夏)オオヤマレンゲ	➚➚
94	銅山越・西赤石山（どうざんごえ・にしあかいしやま）	1626m	(春)イワハゼ (春)ツガザクラ	➚➚

九州

95	古処山（こしょざん）	860m	(秋)シュウメイギク (夏)トチバニンジン	➚
96	大船山（だいせんざん）	1786m	(夏)マイヅルソウ (夏)ミヤマキリシマ	➚➚
97	傾山（かたむきやま）	1602m	(夏)オオヤマレンゲ (夏)シノノメソウ	➚➚
98	阿蘇山（あそさん）	1592m	(夏)ノアザミ (秋)ヤマラッキョウ (夏)(秋)ユウスゲ	➚
99	霧島連峰（きりしまれんぽう）	1700m	(春)キリシマミズキ (春)ミヤマキリシマ	➚➚
100	開聞岳（かいもんだけ）	924m	(秋)ツワブキ (春)サクラ (春)キブシ	➚

※本リストはJTB発行・大人の遠足BOOK「花の百名山 山あるきガイド」上・下巻による。
※(春)3～5月、(夏)6～8月(冬)9～11月の開花時期の平年のものを掲載していますが、気象条件等により変化することもあるので必ず最新情報を確認ください。

山岳用語ミニ辞典

あ

アイゼン［独語Eisen］

積雪期登山で登山靴の底に装着し、滑り止めとして使用するもの。金属性の爪（スパイク）の数や形態によって用途別に様々な種類がある。4本爪の軽アイゼンは夏山での雪渓歩きで使用し、12本爪はスパイクの角度によって冬山縦走用、アイスクライミング用に分かれる。英語圏・フランス語圏では「クランポン」が一般的名称。

赤布（あかぬの）

道しるべの一種で、赤や黄色の布切れ、ビニールテープが使用される。樹林帯の中であれば、樹木の枝など目立つ場所に赤い布切れを結び、雪原であれば篠竹や竹ざおの先端に結んで雪面に設置する。主に積雪期に個々のパーティ（グループ）によって設置される場合が多く、無雪期の夏道とは違うルートを示す場合があるので、不用意に従うのは危険。道標がある場合はそれに従い、無い場合は周囲の状況や地図で判断する必要がある。

頭（あたま）

谷を遡った先、源頭部にあるピークのこと。○○谷の頭、○○沢の頭というように地名として地図上に明記されている場所も多い。また、地名に付けられて呼ばれる場合は、頭（かしら）ともいわれる。近代登山以前の時代においては、谷筋（たにすじ）を遡って稜線や山頂に至るルートを採ることが多く、谷や沢の起点として重要な目印にされたと考えられる。

鞍部（あんぶ）

稜線上で低く窪んだ場所をいう。形状が乗馬で使用する鞍に似ていることから付いた地形を表わす用語で、英語のコルと同意。最も低い場所で稜線を越えられる地形であることから、乗越（のっこし）とも言われる。また、古来より往来が盛んな生活道が鞍部を乗り越えている場所では峠（とうげ）の呼称が付けられている場所が多い。⇒ コル［P.199］

い

石室（いしむろ）

自然にある岩石の隙間が造った空間を利用して、一部を人工的に加工して緊急避難場所または夜営場所として使われた場所。立山や槍ヶ岳、白山など信仰登山が盛んであった山域で見られる。いわば山小屋の原型とも言え、特に森林限界以上の高度に立つ山小屋では、石室を基に改造・修復を繰り返して現在の山小屋に至ったケースも多い。

う

右岸・左岸（うがん・さがん）

河川や沢の両岸を示す言葉。上流から下流に向かい、右側の岸を右岸、左側の岸を左岸という。ガイドブックなどでも使用頻度の高い重要な用語である。下流から上流に向って歩いている場合など、自分の進行方向と川の右・左岸とが視覚的に逆となるために錯覚しやすいので、しっかりと語意を把握しておきたい。

浮き石

不安定な状態で地面上にある石のこと。一見すると上面が平らで足を置きやすく見えるが、地面側に隠れた部分の形状や接地面が安定していない場合が多い。不用意に体重を預けると、バランスを崩して転倒する危険がある。地面から露出した高さが周囲の石とわずかに違うことや、動いた跡など、注意深く見れば事前にわかる場合も多い。

え

エスケープルート

「逃げる」(escape)を意味する英語とルートが合体してできた和製英語で、避退路ともいう。悪天候時やトラブル発生の場合に備えて、本来予定されていたルートとは別に、より早く容易に下山できるように、あらかじめ設定しておくルート。ただ単にコースタイムの短縮が可能というだけでなく、ルート上での危険箇所や河川徒渉の有無など、事前に充分な下調べをし、登山計画書にも必ず明記する。

枝尾根(えだ尾根)⇒ 支尾根〔P.199〕

お

おろく

山岳遭難で死亡した人の遺体を表わす隠語。語源・発生時期ともに詳細は不明だが、直接的な表現を避けるために使われ出した言葉であるとの説がある。山岳を題材とした文学や文献で使われることも多い。

か

カール[独語Kar]

氷河の侵食によって形成された椀状の巨大な窪地。圏谷(けんこく)ともいう。山頂下方の山腹がえぐられたような形状で、その多くは急峻なカールバンド(圏谷壁)を有し、カール底(圏谷底)には湖水の見られるところもある。日本では北アルプス奥穂高岳・涸沢岳南面の涸沢カール、中央アルプス宝剣岳直下の千畳敷カールなどが有名。

ガス[英語Gas]

山岳用語として用いられる場合は、一般的に霧のことをいう。上昇気流によって冷やされた大気中の水蒸気が凝結し、小さな水滴となったもの。登山道やルートが明確でない場所で濃霧に包まれると、コースを外れて道迷いに陥る可能性があり、むやみに動くのは危険。その場合は、衣服の濡れや保温に注意しながら晴れるのを待つことが賢明。

肩(かた)

山頂の直下にある平坦地のこと。山頂を人の頭に模して、すぐ下に位置する形体から発生した呼称。北アルプス槍ケ岳や南アルプス北岳などが有名で、山小屋が立っている場合が多く、槍ケ岳山荘などは「肩の小屋」とも呼ばれる。

かやと

かやぶき屋根の材料として使われた草「カヤ」の繁った平坦な場所のこと。かやとの中を草をかき分けて歩くのは大変だが、ガイドブックなどで一般的に「かやとの中の登山道」という場合は、緩い斜面で日当たりのよい場所であることが多い。

ガレ場(がれば)

岩壁や沢が崩壊して岩や石が散乱している場所。ガラ場ともいう。ガレ場の中に登山ルートが付けられているケースも多いが、岩や石が安定していないことから、浮石や落石に充分注意して歩行する必要がある。類似した言葉では、砂礫地帯を表わす「ザレ場」がある。

カンジキ

深雪の上を歩くために昔から使われてきた道具。木の枝やツルなどを円形・楕円形に加工したもので、靴や登山靴に装着して使う。

観天望気（かんてんぼうき）

雲の形や高さ、その流れる速度など、空模様を眺めて天候の変化を予測すること。例えば、「うろこ雲は天候悪化の前兆」「低い雲が早く流れるようなら急速に天候が悪化する」、「飛行機雲が長く消えずに残るようなら、好天が続く」など。

き

キジ打ち＝花摘み

人の排泄行為をさす隠語。雉狩りの猟師が草むらに身を隠して鉄砲を撃つ姿に似ていることが語源。女性の場合には花摘み（はなつみ）が使われることが多い。自然保護の視点からは、できるかぎり山中に設置されたトイレや山小屋のトイレを利用するようにしたい。

キック・ステップ［英語Kick step］

積雪のある斜面を安全に登下降するための技術。登りでは登山靴のツマ先を雪面に蹴り込んで、安定した足場を確保する。雪質が堅い場合には何回か蹴り込みを繰り返す。また下降の場合には、登山靴のカカトを押し付けるようにして足場を確保する。軽アイゼンなしで雪渓を登下降する場合などに行われる。

キレット

高山の稜線が大きく切れ込んで落ちた場所をいう信州の方言で、昔は「切戸」または「切処」の漢字があてられた。同じ北アルプスでも富山側から見た後立山連峰では「窓」（まど）の方言でいわれる。信州側では南岳～北穂高岳の縦走路途中にある大キレットや鹿島槍ケ岳の八峰キレット、また富山側では剣岳北方の大窓・小窓などが有名。高度感のある岩稜帯である場合がほとんどで、通過にあたっては細心の注意が必要。

極地法（きょくちほう）

ヒマラヤ登山など大規模な登山隊を組織して登頂を目指すための登山方法で、英語のポーラ・メソッド［Polar method］の訳語。山岳書籍にしばしば登場する用語で、本来は南極や北極探検のために考えられたもの。ベースキャンプを設営した後、目指す極地や山頂に向けて、キャンプ1（C1）、キャンプ2（C2）という具合に、徐々に物資・人員を移動させて前進キャンプを設営して目的地や山頂を極める方法。国家規模での極地探検やヒマラヤ未踏峰の攻略に用いられたが、8000m峰がすべて登頂された現在、その歴史的役割を終え、昨今では短期間・少人数での登山方法「アルパイン・スタイル」が主流とされている。

く

草付き

ガイドブックなどでは「草付きの急斜面」などと使われる。沢の上部や丸みを帯びた岩場などに見られ、岩場が草に覆われている場所のこと。滑りやすい場所で、滑落した場合には重大な事故に直結するような場所である場合が多い。

クサリ場

岩場や滑りやすい場所などの危険箇所に、登山者の安全確保のためにクサリが設置されている場所。クサリの他、針金やロープを使った場所もある。クサリや針金を過度に頼るのは危険で、基本的には自らの手足で確実にスタンスを取りながら進み、バランス確保の補助として使うようにする。また、なかには金属の腐食が進んでいる場合や、メンテナンスがなされていない場所もあるので注意が必要で、多くの登山者で混み合っている場合でも、必ず一人づつ取り付くようにする。

クレバス［仏語crevasses］

日本の山においては雪渓上に割れた裂け目のことを指すが、本来は氷河上にの裂け目のこと。クレバス上を積雪が覆って隠れているものはヒドン・クレバスという。

け

獣道（けものみち）

シカやイノシシなど山中に棲息する動物の通り道のこと。通常はわずかな幅を持った踏み跡でしかないので、登山道と間違って踏み込む可能性は低いが、登山道がわかりにくい方向に折れているような場所では、登山者が繰り返し間違って踏み込んだりキジ打ちに入り込んだりしたために、あたかも正規の登山道のように幅広に見える場合がある。しばらく進んで道幅が狭まるようなら、すぐに来た道を引き返すようにする。

こ

高山病（こうざんびょう）

登山中の高度変化にともなって起る気圧低下や大気中の酸素含有量の減少から発症する適応障害。個人差が大きいものの、おおよそ2000m前後から頭痛、吐き気、息切れ、悪寒、顔面蒼白、食欲減退などの症状が現れる。重症の場合は肺水腫を発症して死亡するケースもある。国内の山岳であれば、普段からの体調管理や無理のない山行計画で臨むことで、その多くは予防できるものと考えられる。

コル［英語col］

原語では山の鞍部および気圧の谷の意。⇒ 鞍部（あんぶ）［P.196］

さ

ザレ場（ざれば）⇒ ガレ場〔P.197〕

三角点（さんかくてん）

三角測量によって経度・緯度が測定されるための基準点。日本では1等から4等まであり、花崗岩でできた角柱が地面に埋め込まれている。多くの場合、展望のよい山頂に設置されているが、必ずしも山頂にあるとは限らない。

三点確保（さんてんかくほ）＝三点支持（さんてんしじ）

主に岩場の登下降で用いられる技術。手足の合計4支点のうち、ひとつの支点だけを動かし、残る3支点で確実に身体の安定を確保すること。岩場に限らず、危険箇所の通過など、慎重な歩行が必要な場合の基本技術。

し

支尾根（しおね）

主稜線から左右に派生して下方に延びる尾根。幹から枝が延びるのに似ていることから枝尾根ともいう。支尾根を登れば必ず主稜線に至るが、主稜線を下るつもりが、いつのまにか支尾根に迷い込んでしまい、遭難に至るケースもある。悪天候時や見通しの悪い場所を下る場合、支尾根が主稜線から派生する付近では常に方向に注意する必要がある。

森林限界（しんりんげんかい）

森林を構成している樹木（高木、中低木、林底植物）のうち、高木が森林状態で分布できる限界線のこと。登山道を登って高度が上がると、樹林がまばらな状態になり、森林限界を超えるとハイマツなどの低木のみが見られる見晴らしのよい状況となる。山域の緯度が高くなるにしたがって森林限界の高度は下がる。

す

スタンス［英語stans］

安定した立ち姿勢を保てる足場の意味。主にロッククライミング（岩登り）の用語として用いられるが、一般的な登山道においても、常に安定した足場を見極めながら歩を進めることが重要。

せ

雪線（せっせん）

一般的には真夏においても積雪が消えないラインをさすが、山岳用語としては単に山腹に付いた積雪ラインを指す意味で使われる。

雪洞（せつどう）

雪山において緊急避難用に掘る雪穴。テントの設営や維持が困難な荒天・強風時などに掘られる。積雪の多い斜面に横穴として掘るのが最も一般的だが、雪崩の危険を見極め、喚起に注意する必要がある。

雪庇（せっぴ）

冬山の稜線上で強風によって形成される雪の張り出し。ちょうど屋根の庇（ひさし）に似た状態であることが語源。稜線上では雪庇の踏み抜き、下方においては雪庇の崩落による遭難が多数起きている。

そ

双耳峰（そうじほう）

ほぼ同程度の標高を持つピークが山頂部を構成する山のこと。鹿島槍ケ岳や谷川岳が有名。

遡行（そこう）

河川や沢を下流から上流に向って遡ることをいう。沢や谷を「ツメる」という表現とほぼ同意語。

た

高巻き（たかまき）

コース上に滝や大岩などの障害物があり、水平方向に進むことが危険な場合、垂直方向に迂回して進むこと。本来は沢登りの用語。高く巻き込むように山腹を登り、障害物を越えた所で再び下って元のコースに復帰する。ガイドブックなどでは「登山道は大岩を高巻いて付けられている」などと使われる。

ち

直登（ちょくとう）

山頂に向って直線的に登ること。一般登山道においては、安全で楽な登下降のために、道は山腹のつづら折りや尾根筋を辿るように付けられているが、様々な状況によっては直登ルートが付けられている場所もある。ガイドブックで「急坂の直登ルートを辿り、山頂に至る」などと書かれている場合、直登ルートに入る前の分岐点で迂回路への道と別れている場合が多い。直登ルートが主ルートとなっている場合は、迂回路の荒廃が進んでいる場合があり、ガイドブックで直登ルートを推奨しているのであれば、それに従うほうが無難。

沈殿（ちんでん）

山中で悪天候のために山小屋やテントから動かずにいること。

つ

ツエルト［独語Zelt］

原語では天幕（テント）のことをさすが、日本で使われる場合はテント一般をさすのではなく、非常用に携帯する簡易テントのことをいう。

つめる

「沢をつめて○○の頭の鞍部に至る」などと使われる。沢や谷を下流から上流、下方から上方に遡ることをいう。類似語 ⇒ 遡行（そこう）［P.200］

吊り尾根（つりおね）

ふたつの山頂をつなぐ稜線が吊橋のケーブル状に見える尾根。岩稜帯のヤセ尾根（⇒P.203）であることが多く、通過には注意が必要。有名なところでは奥穂高岳〜前穂高岳の間や、双耳峰の鹿島槍ケ岳北峰〜南峰間などがある。

て

出合（であい）

ふたつの沢が合流する地点をさす言葉。山岳地以外の地名としてもみられる二股（ふたまた）も同意。さらに三つの沢が合流している場所は三俣といわれる。地図と照らし合わせて明確に現在地を確認できる場所でもあるが、同様の地形に何回も出合うようなルートでは、何度目の出合であるかをしっかりと確認しなくてはならない。

デブリ［仏語debri,s］

原語の意味は岩石の破片や土砂などの堆積物をさすが、日本では雪崩によって雪の塊がブロック状に散乱堆積した場所をいう意味に使われることが多い。

と

徒渉（としょう）

沢や川を歩いて向こう岸に渡ること。一般登山道において徒渉がある場合は、飛び石伝いに靴を濡らすことなく渡れるところもあるが、水に入る場合は、なるべく浅瀬を選び、やや下流方向にむけて斜め横断する。水流がヒザ付近まであれ危険と判断したほうがよい。

独標（どっぴょう）

独立標高点の略語。海面からの高さを地図上に表記し、標石が設置されている場所をいう。西穂高岳山頂の南西稜線上にピークをなす西穂独標や、槍ケ岳山頂から北方へ伸びる北鎌尾根上に位置する北鎌独標が有名。

トラバース［英語traverse］

原語では、〜を横切る、横断、横断路の意。登山用語としては「ガレ場をトラバースして灌木帯に入る」などと使われる。

の

乗越（のっこし）⇒ 鞍部（あんぶ）［P.196］

は

早だち

朝早くに宿泊地を出発すること。早く行動を起こし、早めに目的地に到着するように計画するのが山における鉄則。山中で宿泊した場合だけでなく、入山日においても必ず早朝から行動し、早めに一日の行動を終えるようにしたい。

ひ

ピーク・ハンティング［英語peak hunting］

山頂を極めることを目的とする山登りのこと。山岳をフィールドとした楽しみ方としては、必ずしも登頂を最終目的としない岩壁登攀（ロッククライミング）や沢のぼりがあり、これらと区別し、一般的な登山であることを意味する言葉として使われる。

非対称山稜（ひたいしょうさんりょう）

山の稜線から見て、左右の様相が大きく異なる山稜のことをいう。北アルプス白馬岳の山頂稜線などが典型で、稜線西側はなだらかな斜面なのに対し、東側はスッパリと切れ落ちた断崖を形成している。そのた東北の飯豊連峰など豪雪地帯の山で多く見られる。

避難小屋（ひなんごや）

主に緊急避難用に設けられた小規模な山小屋。繁忙期のみ管理人を置く所もあるが、通常は無人で寝具や食事の提供もない。一般に山中の宿泊施設として利用される営業小屋とは明確に区別して認識する必要がある。

ビバーク［英語bivouac］

原語では露営または露営地の意だが、一般的には緊急避難的な露営を意味するフォースト・ビバーク［forced bivouac］（緊急露営）と同義として使われる。

ふ

ブッシュ［英語bush］

原語はヤブの意だが、欧米には竹ヤブはないので一般的な藪や林のことをさす。

分水嶺（ぶんすいれい）

稜線や山頂によって水系を分ける山。雨や雪が同一の河川に流れる範囲を「流域」といい、流域内の河川の総称を「水系」という。

へ

へつり

沢や沢沿いのルートにおいて、岩場などの障害物のために、やむなく水流のすぐ上の岩場などを横方向に移動すること。足を踏み外せば水流に落下することになる。また一般登山道においても「へつるように付けられたルートを慎重に

進む」などの表現で、同様な状況にある場所をいうこともある。

ボッカ

一般的な登山装備とは異なる荷物を運搬して山を登ること、または人のこと。漢字では「歩荷」をあてる。荷揚げにヘリコプターが使えない山小屋などでは、現在もボッカによる物資の運搬が行われている。また、競技登山や学校山岳部のトレーニングなどで重荷を背負って山を登ることをボッカ訓練という。

窓（まど）類似語 ⇒ キレット［P.198］

水場（みずば）

飲料に適した水を補給することのできる場所のこと。主に湧き水で、登山ルートや山小屋から近い位置にあるものは登山地図などにも表記されている。しかし、季節や気候によって水量が変化し、涸れてしまう場所もあるので、頼りすぎは禁物。また、水場へ至る道は足場が悪かったり、踏み跡が判然としない斜面を下る所なども多く、登山道や山小屋から遠い場合には避けたほうが無難。

木道（もくどう）

高層湿原など植生の保護を目的に、木製の歩道を渡して登山道や遊歩道としたもの。環境保護の目的以外にも、単に歩きやすくするためのものもある。周囲の景観に目を奪われがちだが、濡れている場合や傾斜がある場合には滑りやすいので注意したい。

ヤセ尾根（やせおね）

尾根の両側が鋭い刃物のように切り立った場所をさすことから、鎌尾根（かまおね）ともいう。登山道として使われている場合でも、高度感のある岩稜帯歩きの上級者向きコースであることがほとんど。特に強風時の通過には細心の注意が必要。

薮漕ぎ（やぶこぎ）

薮の生い茂った場所を漕ぐ様にして進むこと。一般の登山道では薮漕ぎを強いられるような場所はないが、山岳図書などにはしばしば使われる言葉。

山岳用語
ミニ辞典

装備チェックリスト

	日帰り（夏）	日帰り（冬）	山小屋泊（夏）
<ウェア>			
ズボン	◎	◎	◎
Tシャツ	◎	◎	◎
長袖シャツ	◎	◎	◎
セーター	×	△	△
フリース	○	◎	◎
下着（替え）	△	△	○
靴下	×	×	◎
帽子	◎	○	◎
手袋	△	○	△
バンダナ	○	○	○
<登山用具>			
登山靴	◎	◎	◎
スパッツ	△	○	△
軽アイゼン	×	△	△
ザック	◎	◎	◎
ザックカバー	◎	○	◎
ストック	△	△	△
折畳み傘	○	○	○
レインウェア	◎	◎	◎
水筒	○	○	○
ヘッドランプ	◎	◎	◎
予備電池	△	○	◎
ナイフ	△	△	△
サングラス	△	△	△
テルモス（保温水筒）	△	△	△
コンパス	◎	◎	◎
地図・地形図	◎	◎	◎
高度計	○	○	○

	日帰り（夏）	日帰り（冬）	山小屋泊（夏）
時計	◎	◎	◎
携帯電話	◎	◎	◎
ホイッスル	○	○	○
カメラ・フィルム	△	△	△
手帳・ペン	○	○	○
ツエルト	△	△	○
ライター	○	○	◎
<生活用具>			
タオル	○	○	○
洗面用具	○	○	○
日焼け止め	○	△	○
コッヘル	△	△	△
ガスバーナー	△	△	△
<非常時対応品>			
医薬品	○	○	◎
レスキューシート	○	◎	◎
ラジオ	×	△	△
非常食	◎	◎	◎
健康保険証（コピー）	○	○	◎

◎＝必ず携行するもの　○＝携行すると便利なもの　△＝コースや季節により携行するもの　×＝特に必要なし

登山計画書(書き方見本)

提出日: 2004年 7月20日

グループ/団体名	るるぶ山の会
登山概要	奥多摩　三頭山 日帰り登山
登山期間	2004年 8月 1日(日)～　年　月　日(　)

スケジュール

[交通・往路]
JR新宿駅・中央線ホリデー快速あきがわ1号(8:01)⇒ 武蔵五日市駅(8:49)
JR武蔵五日市駅・西東京バス(8:18)⇒ 都民の森(9:26)

[登山コース]
バス停(9:40)⇒ 鞘口峠(10:05～10:10)
⇒ 三頭山中央峰(11:30～12:20)昼食⇒ ムシカリ峠(12:30)
⇒ 大沢山(12:40～12:50)
⇒ 滝見橋(13:50)⇒ バス停・都民の森(14:10)

[交通・復路]
バス停・都民の森・西東京バス(14:55)⇒ 数馬(15:06)
数馬(15:12)⇒ JR武蔵五日市駅(16:11)
JR武蔵五日市駅・ホリデー快速あきがわ6号(17:21)⇒ 新宿駅(18:22)

エスケープルート

天候悪化、またはトラブル発生の場合はムシカリ峠 ⇒ (ブナの路)⇒ 滝見橋に下山

共同装備・他

ツエルト1張、コンロ1台

メンバー	氏名	年齢・性別	血液型	住所(電話・携帯電話)
グループリーダー		・		
サブリーダー		・		
		・		
		・		
		・		
		・		
		・		

緊急連絡先		
氏名・名称	電話・携帯電話	住所

備考

登山計画書

提出日:　　　年　月　日

グループ/団体名	
登山概要	
登山期間	年　月　日(　)～　年　月　日(　)
スケジュール	
エスケープルート	
共同装備・他	

メンバー	氏名	年齢・性別	血液型	住所(電話・携帯電話)
グループリーダー		・		
サブリーダー		・		
		・		
		・		
		・		
		・		
		・		

緊急連絡先		
氏名・名称	電話・携帯電話	住所

備考	

※このページをコピーして記入する場合、A4サイズに拡大コピーして記入する。

るるぶDo!
これで身につく
山歩き100の基本

著　者　大関義明
発行人　江頭　誠
発行所　JTBパブリッシング
印刷所　凸版印刷

[図書のご注文は]
JTBパブリッシング（販売）
〒162-8446　東京都新宿区払方町25-5
☎03-6888-7893

[本書の内容についてのお問合せは]
JTBパブリッシング（編集）
〒162-8446　東京都新宿区払方町25-5
☎03-6888-7880

Printed in Japan　491120
ISBN 978-4-533-05481-5　C2026

◎落丁・乱丁はお取り替えいたします

[インターネットアドレス]
旅とおでかけ旬情報　http://rurubu.com/

編集●川鍋昌美
撮影●西村文一・皆川 修
取材・執筆協力●山本知代子（山の簡単クッキング）・西村文一
写真協力●世界文化フォト・長崎仁一・平川敦子・敷島悦朗
アートディレクション・デザイン●TOPPAN TANC　杉 美沙保　渋澤 弾・高橋千恵
イラスト●デザインアフター
地図作成●ジェイ・マップ
掲載地図は、国土地理院発行の2万5千分の1、5万分の1地形図を調整したものです。

取材・商品協力●(株)ICI石井スポーツ

[参考文献]

別冊太陽「人はなぜ山に登るのか」（平凡社）1998年
小泉武栄「登山の誕生―人はなぜ山に登るようになったのか」（中公新書）2001年